NEURODIVERSIDAD

*El funcionamiento del cerebro
en la escuela inclusiva*

Coral Elizondo Carmona

NEURODIVERSIDAD

El funcionamiento del cerebro
en la escuela inclusiva

Octaedro  Editorial

Colección: Octaedro Educación

Título: *Neurodiversidad. El funcionamiento del cerebro en la escuela inclusiva*

Primera edición: diciembre de 2024

© Coral Elizondo Carmona

© De esta edición:
Ediciones OCTAEDRO, S.L.
C/ Bailén, 5 – 08010 Barcelona
Tel.: 93 246 40 02
octaedro@octaedro.com
www.octaedro.com

ISBN: 978-84-10282-50-6
Depósito legal: B 22195-2024

Diseño y producción: Ediciones Octaedro

Impresión: Gràfiques Jou

Impreso en España - *Printed in Spain*

*A todas las personas que quieren transformar la educación
y volver a comenzar desde una mirada neuro.*

Índice

Prólogo

Los últimos veranos tengo «citas» con Coral, citas intelectuales, citas de lectura y de escritura, porque me regala la oportunidad de leerla y de acompañar sus grandes propuestas con un pequeño guiño de complicidad.

Siempre es un placer leerla, porque sus palabras vienen de la vida, del aula, de acompañar procesos, de contrastarlos con los estudios y las evidencias. Esta vez nos adentramos en el mundo de *Moyenne* con una canción de fondo, una banda sonora que hace resonar su melodía y su mensaje en cada capítulo.

El mundo de *Moyenne* lo he recorrido con ella desde hace cuatro años, en sus propuestas, en sus adaptaciones y en sus maneras de acercar estas grandes temáticas de la neurodiversidad desde una propuesta inspiradora. Donde los «nadies» lo son todo, como los intangibles de la educación son los latidos que dan vida en el aula. Donde tod@s encuentran su lugar, porque hay lugar para tod@s. Y todo ello con grandes referentes teóricos neurocientíficos que hilvana de manera hábil y sutil.

Y es que Coral lo cuida todo, el lenguaje, los detalles hasta la ética del cuidado, tan presente en el fondo y en la forma del texto. Con un recorrido que complementa sus anteriores libros y que nos parece una aportación, como siempre, sugerente y cautivadora.

En esta ocasión Coral nos permite conocer, de manera amena, detalles de su vida, de sus vivencias de sus percepciones, de sus emociones. Gracias por ofrecer tu parte más humana, Coral, por abrirnos el mundo y por dejarnos compartir tu mundo. «Reímos», como nos ha recordado la banda sonora del libro, con Coral en esta nueva invitación a seguir mejorando aquello que nos ocupa y nos compromete, como es la EDUCACIÓN. Coral, nunca dejes de escuchar música, de reír y de regalarnos estas palabras llenas de vida y sabiduría.

ANNA FORÉS

Introducción

Cuando cierro el curso y respiro hondo, me gusta escribir. Es para mí un momento de purificación o catarsis que me ayuda a vaciarme, a reflexionar y a organizar ideas, a seguir caminando hacia el horizonte utópico y esperanzador que es la EDUCACIÓN con mayúsculas.

Este es el libro más íntimo, más personal, tal vez el más yo, ¡cómo si el yo fuese tan fácil de describir! Por eso en su redacción me dirijo a ti. Sí, a ti, a la persona que sostiene este libro entre sus manos. Me dirijo a ti en un guiño cómplice contigo, y voy a escribir en singular, porque quiero mantener esa confianza y cariño. Con este libro vamos a visitar *Moyenne*, mi mundo, un mundo inhóspito para todas las personas que se salen de la norma y a las que obligan a vivir fuera de la ciudad. Voy a hilar historias, todas ellas ficticias, pero que podrían ser reales, que harán más ameno y comprensible el contenido, en un intento de hablar de temas abstractos y complejos como son la neurodiversidad, el cerebro o la neuropedagogía, entre otros.

Quiero que este libro te invite a la reflexión, esa característica tan humana que nos permite pensar y meditar sobre nuestros pensamientos y que nos lleva a lo que llamamos *pensamiento crítico*. No es un libro de estrategias, ni tampoco de grandes teorías y modelos, pero sí que se sustenta en ellos. Aunque en ocasiones voy a localizar en el cerebro determinadas estructuras e incluso mostraré imágenes, y a pesar de que también hablaré mucho de las conexiones entre estructuras, voy a insistir en que es necesario superar ambas posturas, el *localizacionismo,* que localiza estructuras, y el *conexionismo o asociacionismo,* que las asocia. Voy a situar el libro en una concepción más moderna del procesamiento, como son las *redes distribuidas.*[1] Esta corriente hace una síntesis de ambas posturas y posibilita conocer y comprender el procesamiento de funciones complejas, como las emociones, el lenguaje, las funciones ejecutivas, la memoria, la atención..., que se abordan en el libro.

La neuroplasticidad, o plasticidad neuronal, va a ser la gran protagonista. No porque continuamente hable de ella en el libro, sino porque, gracias a ella, mientras tú lees este libro, vas a ir realizando aprendizajes de forma constante, y también ajustes adaptativos, dado que el contenido del libro va a estar sostenido por tus conocimientos previos sobre el tema y va a estar sostenido, también, por tus memorias cambiantes, con olvidos, distracciones, bloqueos, atribuciones erróneas, sesgos, recuperaciones, actualizaciones, y un incesante ir y venir de ajustes y reajustes. ¿Ves el símil con la escuela?

Quiero que me acompañe, como banda sonora de este libro, la canción *Volver a comenzar*, de Luz Casal, en recuerdo a mi hermana Mar, con quien la escuchaba el verano pasado, y en recuerdo también de mi madre; ambas fallecieron el año pasado, con dos meses de diferencia. Y deseo que esta canción vaya conmigo en este libro por dos motivos: uno, porque este año tan duro ha sido en muchas ocasiones un volver a comenzar emocional y, otro, porque, si después de leer el libro te planteas transformar la educación y volver a comenzar, habré logrado mi objetivo.

> Reímos cuando el viento se detiene,
> y abre paso a otro camino,
> que soñábamos pisar.
> Reímos cuando ya somos más fuertes,
> cuando somos más valientes,
> que las ganas de escapar.

Fragmento de la canción *Volver a comenzar*, de Luz Casal

1
.....

Moyenne, un mundo promedio

Hace cuatro años que soy profesora en un módulo del Máster de Neuroeducación Avanzada de la Universidad de Barcelona coordinado por Anna Forés y David Bueno, grandes personas y maravillosos profesionales. En el módulo que yo imparto invito a mis estudiantes a visitar mi mundo, *Moyenne*.[1] *Moyenne* es un mundo dominado por la tiranía del promedio, habitado por malvadas adaptaciones curriculares significativas que impiden la titulación, sometido a un lenguaje capacitista que anula al otro, ahogado en burocracia e hipnotizado por los libros de texto.

En *Moyenne* habitan los nadies, y viene entonces a mi memoria el poema de Eduardo Galeano[2] que tantas veces he utilizado, y sigo haciéndolo, cuando quiero reflexionar sobre diversidad.

Los nadies

Sueñan las pulgas con comprarse un perro
y sueñan los nadies con salir de pobres,
que algún mágico día

llueva de pronto la buena suerte,
que llueva a cántaros la buena suerte;
pero la buena suerte no llueve ayer,
ni hoy, ni mañana, ni nunca,
ni en lloviznita cae del cielo la buena suerte,
por mucho que los nadies la llamen
y aunque les pique la mano izquierda,
o se levanten con el pie derecho,
o empiecen el año cambiando de escoba.
Los nadies, los hijos de nadie,
los dueños de nada.

Los nadies, los ningunos, los ninguneados,
corriendo la liebre, muriendo la vida,
jodidos, rejodidos.
Que no son, aunque sean.
Que no hablan idiomas, sino dialectos.
Que no profesan religiones,
sino supersticiones.
Que no hacen arte, sino artesanía.
Que no practican cultura, sino folklore.
Que no son seres humanos,
sino recursos humanos.
Que no tienen cara, sino brazos.
Que no tienen nombre, sino número.
Que no figuran en la historia universal,
sino en la crónica roja de la prensa local.

Los nadies,
que cuestan menos
que la bala que los mata.

Eduardo Galeano

Cuando termino de leerlo, siempre pregunto al público: «¿Quiénes son los nadies en tu escuela?». Hay quien me contesta que en su escuela no hay nadies, o quien los asocia a los censos que tenemos en los centros educativos con números y siglas de estudiantes con necesidades educativas especiales. Yo creo que, en algún momento de nuestra vida, todos nos hemos sentido nadies. Yo misma, en una ocasión, pregunté a una jefa de servicio por qué me ninguneaban en la administración; en aquel momento yo me sentía así, pero ese es otro tema, volvamos a la escuela. Los nadies en la escuela son todos los niños y niñas que suponen un número, un número asociado a recursos; pero también son los invisibles, los apáticos, los inconformistas, los inseguros, los vergonzosos, los movidos, los rápidos, los lentos. Todos los que se salen de la norma. ¿Y cuál es la norma? ¿Qué es la normalidad? La *normalidad* es un concepto muy subjetivo. Como diría Morticia Addams, la normalidad es una ilusión; lo que es normal para la araña es el caos para la mosca. *Normalidad* y *anomalidad* son conceptos muy frágiles, dada su gran carga subjetiva, pero, a la vez, con una fortaleza tal que condicionan la vida de los habitantes de *Moyenne*. Vamos a profundizar en ellos.

Tiranía del promedio

Recuerdo la primera vez que como orientadora me llevé a Carlos a mi despacho para hacerle una evaluación psicopedagógica. Pasarle aquellos test y pruebas psicopedagógicas me removía y, cuando llegué a casa, escribí una entrada en el blog[3] sobre el tema, ¡cuánto tiempo hace que no anoto mis reflexiones en el blog! Mi vida ha cambiado mucho desde entonces y ahora parece como si me hubieran robado el tiempo, ese tiempo tan preciado que no se recupera. Pero no voy a ponerme melancólica, porque lo que quiero es reflexionar sobre cómo en *Moyenne* todo gira en torno al promedio, que, por supuesto, se considera la normalidad.

En la asignatura de Psicometría de la licenciatura de Psicología, me enseñaron cómo medir y cuantificar las distintas variables psicológicas de la persona para, acto seguido, a partir de estos resultados, comparar objetivamente sus características. Creo que aquí, en la base, en la propia definición, está la tiranía del promedio. Para comparar tenemos que, previamente, determinar la normalidad. En psicometría esta normalidad va a estar representada con la famosa curva de Gauss. En *Moyenne* siempre existe un estándar arbitrario que obliga a la comparación y se te juzga por lo mucho que te aproximas o separas o superas ese estándar arbitrario. El concepto de *promedio* está tan arraigado en este mundo que rara vez se cuestiona, pero en *Moyenne*, todas las personas que se salen de la norma están obligadas a vivir fuera de la ciudad.

¿Dónde queda, entonces, la persona? ¿Dónde permanece su individualidad? A lo largo del libro veremos que la neurociencia nos invita a adentrarnos en un mundo opuesto a *Moyenne*, un mundo más flexible en el que reina la variabilidad humana, y a lo largo de las páginas hablaremos de *neurodiversidad* y de *variabilidad*, ¡tal vez deba crear ese mundo para el máster y llamarlo *Variabilité!*

Ahora que estás en mi mundo, y puesto que tus aposentos son cómodos, te invito a relajarte, y te voy a contar una historia. Vamos a conocer a Adolphe Quetelet, un astrónomo belga que vivió entre el siglo XVIII y el XIX. Quetelet aplicó las matemáticas que utilizaba en la astronomía para el estudio de las personas y en la actualidad es conocido como uno de los padres de la estadística moderna. Se obsesionó tanto con la perfección que creó el concepto de *hombre promedio*. Para Quetelet, el hombre promedio (*l'homme moyen*)[4] era la perfección en sí mismo, libre de error; en cambio, la persona individual era sinónimo de error, de forma que solo la persona promedio representaba al verdadero ser humano.

Más tarde, Sir Francis Galton, reconocido polímata inglés y pionero en la aplicación de los métodos estadísticos a diversas ciencias, coincidiría con Quetelet en el uso de la estadística para entender a las personas, pero diferiría en el propio concepto de *media*: mientras que, para Quetelet, la media representaba la perfección, para Galton la media era sinónimo de mediocridad. Él consideraba que había personas eminentes, que debían situarse por encima de la media, y personas imbéciles, que estarían por debajo. Midió la inteligencia de diferentes personas y, aplicando la campana de Gauss, propuso conceptos como la *desviación estándar*, la *correlación*, el *análisis regresivo* y el *rango*, todos ellos muy utilizados en estadística.

Elena es orientadora, ha terminado ya de pasar todas las pruebas a Juan y ahora tiene que ordenar todos estos datos. Recuerda ahora sus asignaturas de la carrera donde profundizaba en la estadística y la psicometría, recuerda lo complicados que le parecían aquellos exámenes, y, sin embargo, ahora piensa que la realidad es mucho más difícil y compleja, porque aquí no solo hay datos, está Juan.

Y así seguimos en la orientación, dividiendo en tipos y rangos, comparando con la media, con la normalidad, calculando las desviaciones típicas..., todo ello para poder escribir un diagnóstico basado en el promedio y con el lenguaje de una ciencia muy alejada de la educación como es la medicina. Cuando Elena está reduciendo los resultados a números, a siglas, a un lenguaje capacitista, no aparece Juan como persona, solo se ven números. Elena puede incluso olvidarse de que Juan es mucho más que un diagnóstico, mucho más que un estudio clínico y psicopatológico. ¿Hemos pensado alguna vez que cuando reducimos a la persona a su diagnóstico pasa a ser población excedente y la arrojamos en vertederos humanos?[5]

Moyenne es un mundo inclemente para todas las personas que se salen de la norma, porque todo está estandarizado: el currículo, los libros de texto, los exámenes de acceso a la universidad... Estandarizar nos permite medir con más facilidad las desviaciones de la media, de forma que, cuando hay dos desviaciones por arriba, lo asociamos a «altas capacidades» y, cuando las dos desviaciones están por abajo, lo hacemos a la «discapacidad intelectual». Y, de nuevo, pregunto: ¿y a la persona, la miraron? ¿Saben cómo convive con sus dificultades? ¿Saben cuáles son sus deseos y sus temores?[6]

Capacitismo y atención a la diversidad

Ha llegado a su límite, ya no puede aprender más, me decía aquella maestra con cara muy seria. Totalmente convencida de que las palabras que estaba pronunciando eran las que tenían que ser. Convencida de que hay un límite en el aprendizaje en la persona y de que ya no se puede aprender más, convencida de que ese colegio no era para esa niña, porque aquí ya no le podían enseñar más. Estos techos de cristal que ponemos los docentes están relacionados con las expectativas y creencias que tenemos, pero también con los prejuicios y estereotipos. Actualmente, gracias al metaanálisis de John Hattie,[7] sabemos que estas expectativas tienen un alto impacto en el aprendizaje y en su bienestar emocional.

Siempre me ha resultado paradójica la acepción de *incluir* y, sobre todo, hablar de *educación inclusiva*, dos palabras que yo uno habitualmente y que forman parte de mis palabras habitadas. Pero ahora te pregunto: ¿por qué piensas que utilizamos la palabra *inclusión* en *Moyenne*? La respuesta es sencilla: porque tenemos que incluir a todos los habitantes que no pueden vivir en la ciudad porque se salen de la norma, y a los cuales previamente los hemos excluido. Pero también hablo de *inclusión* en *Moyenne* porque soy utópica y creo firmemente en los sueños posibles de una educación inclusiva y equitativa de calidad para todas las personas.

En *Moyenne* tenemos una biblioteca llena de estanterías, con muchos libros que explican las características de todos estos habitantes. Estos libros hablan de sus deficiencias, persistentes o no; de lo que no saben o no pueden hacer; hablan también de sus diagnósticos, de sus trastornos, de su discapacidad, de sus dificultades, de su gravedad, de su deterioro, de sus afecciones..., pero no hablan de la persona. Déjame que te cuente que esta gran biblioteca repleta de libros es una biblioteca basada en la tiranía del promedio; sí, de nuevo, aquí está, como si el propósito de la sociedad fuera ese, estandarizar las vidas alrededor al promedio.

¿Qué ocurre, entonces? Pues que en *Moyenne* hay cuerpos y mentes deficitarios, no capaces y, por consiguiente, alejados del ideal estandarizado como normal. Este favoritismo hacia unos cuerpos y mentes por encima de otros es segregador y nos lleva a justificar el capacitismo, o la discriminación basada en la capacidad, señalando y poniendo el foco en la diferencia, lo cual provoca que en la ciudad solo vivan las personas consideradas «normales» porque entran dentro del rango establecido como normal, y que entonces las personas que están en los límites de este rango deban vivir en la marginalidad. En *Moyenne* se acepta esta injusticia, hasta te diría que no se ve injusto, pues se han normalizado tanto las injusticias que ya no se ven; de esta forma, lo habitual es la segregación. En *Moyenne* lo habitual se vuelve opresivo y cotidiano para todos los habitantes que viven fuera de la ciudad, y estas injusticias conllevan mucho sufrimiento real.

Hace ya años que en *Moyenne* se profundiza sobre cómo atender al distinto, al diferente, y te contaré que aquí, en mi mundo, se elaboran planes para atender a la diversidad. Pero ¿qué sucede? Pues que se asocian los conceptos *diversidad* y *normalidad*, de forma que *diverso* y *normal* forman parte de la cotidianeidad. Busco en el diccionario para ver si me aclaro un poco,

Diversidad
Del lat. *diversitas*
Variedad, desemejanza, diferencia.

Busco diferencia:
Del lat. *differentia*
Cualidad o accidente por el cual algo se distingue de otra cosa.

Voy a buscar diverso, para ver si me aporta algo más:
Del lat. *diversus*
De distinta naturaleza, especie, número, forma...
Desemejante.

Mucho mucho no me ha aclarado, pero lo que sí que veo es que hablar de atender a la diversidad es atender al diferente, es atender al que se distingue por algo porque es diverso, y, por lo tanto, es atender al que es de distinta naturaleza.

> Ainhoa acaba de aprobar las oposiciones, está muy ilusionada con su primer destino como funcionaria. Ya lo conoce y le han dicho que es un cole que acoge mucha diversidad. Conocedora de que esto es un reto, ella revisa todo lo que ha aprendido para garantizar la inclusión de todo el alumnado en el aula. Analiza cómo puede organizar el aula y qué métodos pedagógicos puede utilizar. Pero, sobre todo, sabe que tiene que trabajar con el currículo, porque analizarlo y estudiarlo la ayudará a diseñar propuestas flexibles y abiertas para todos sus estudiantes. Está nerviosa e ilusionada con su nuevo trabajo y ya tiene ganas de conocer a los niños y niñas que estarán en su tutoría. Es consciente de que tiene que empezar por ahí, conociéndolos y acompañándolos en sus proyectos de vida.

¡Ojalá hubiese muchas Ainhoas en *Moyenne* para trabajar la atención a la diversidad desde una mirada más inclusiva! En *Moyenne* los diversos hacen cosas diversas y diferentes siempre, y recalco *siempre* porque, todos haremos cosas diferentes de vez en cuando. Hacer cosas diferentes cada cierto tiempo no es el problema, el problema es hacer *siempre* cosas diferentes, porque esto implica poca participación en la vida del aula, y de esta forma, con esas prácticas no se garantizan las tres «P» de la educación inclusiva:[8] *presencia, participación* y *progreso*.

El gran reto y desafío de *Moyenne* es abrir las puertas de la ciudad e iluminar todos los senderos, porque pareciera como si la normalidad tuviese un camino luminoso y la no normalidad lo tuviese oscuro, ¡hasta en la propia ciudad tienen pavimento adoquinado y en el resto no!

Respeto a la diversidad. Identidad

Cuando yo era pequeña y me preguntaban por mis apellidos, yo explicaba que mi padre había nacido en Lizaso, un pequeño pueblo del valle de Ultzama (Navarra), que siempre llevo en el corazón y donde he pasado temporadas muy largas y felices de mi infancia, adolescencia y juventud. Yo explicaba que mis padres se conocieron en Madrid cuando mi padre fue allí a estudiar, y que mi madre era madrileña. Yo creo, o al menos eso me gustaba pensar, que esto daba cierto exotismo a mi vida. Y sonrío ahora mientras lo escribo. A menudo cuento que, durante mis años de escuela, instituto e incluso universidad, nunca he tenido una compañera o un compañero con discapacidad. Tampoco he convivido de cerca con la discapacidad. La discapacidad aparece en mi vida cuando comienzo a ejercer como docente. Desde que era pequeña he tenido un elevado sentido de la justicia, y creo que por ese motivo decidí estudiar Psicología a la vez que ya ejercía como maestra.

Siempre es un reto y un desafío dar una respuesta equitativa y de calidad a todo el alumnado, y siempre es un reto y un desafío no dejar a nadie atrás. Por eso, el verano pasado, en uno de los peores momentos personales de mi vida, escribí el libro *Diseñar hasta los límites,*[9] porque quería demostrar que es posible ofrecer *estrategias para abrir nuevas posibilidades, retos y desafíos para todo el alumnado.* Pero, por muchas estrategias que conozcamos y aprendamos, no podemos garantizar la inclusión, la equidad y la calidad, si no respetamos al otro en cuanto otro; parece un trabalenguas, ¿verdad? Ahora te lo explico. No es reconocer al otro: es respetarlo en su individualidad, en su diferencia, en su singularidad. Es acogerlo. Hace mucho que no utilizo esta frase, pero creo que aquí la puedo retomar: *no se trata de entrar, sino de pertenecer.* Mis inicios en la formación permanente estuvieron más centrados en la sensibilización sobre educación inclusiva, y esta y otras frases que aparecen en mi blog son fruto, sobre todo, de aquella época; entonces ya formaban parte de mi vocabulario habitual y ahora lo siguen haciendo.

Escribí una entrada sobre *ética* y *alteridad*[10] en la cual hablaba de Lévinas, porque él fue el que dijo que es necesario pensar en el otro en cuanto otro, ese trabalenguas que he utilizado. Lo que Lévinas nos quiere decir es que, si seguimos con nuestra mirada capacitista, tenderemos a comparar, a segregar, a igualar, y entonces pretenderemos que el otro sea como los demás para que pueda tener una vida plena, y pretenderemos que un autista nos mire a los ojos, o que una persona con dislexia escriba sin faltas, o que un estudiante con déficit de atención con hiperactividad permanezca en la silla sin moverse concentrado toda una hora, o toda una mañana. Y esto no es la alteridad, esto es anular su derecho a ser él mismo, y es anular su alteridad.

Tampoco es reconocer al otro, porque el otro ya está. Desde que nace, está. No tenemos que reconocerlo, ni tampoco descubrirlo ni nombrarlo, pero esto lo explica mucho mejor que yo Carlos Skliar.[11]

No, no es «reconocer al otro».
El otro es anterior a todo reconocimiento.
El otra ya es, ya está, ya estuvo antes de mí.
Si así no fuera, si el otro solo existiera porque lo reconozco, sería como una estatua cubierta por una tela negra en una plaza abandonada, esperando ser descubierta.
O como un territorio que creemos inexistente y al que damos un nombre que no es el suyo.
No, no es «descubrir al otro».
No se juega a las escondidas así no más.
No es «nombrar al otro».
Es ser llamado por él.

Como orientadora, siempre dudo sobre cómo nombrar a las personas cuando les hago un informe psicopedagógico. La normativa me dice que he de nombrarlos por su déficit, por su discapacidad, y aquí, sin más, en el texto precedente de Carlos Skliar, aparece la respuesta: *ser nombrado por él*. Pregúntale al otro cómo quiere que lo llames. La identidad abarca todo lo que nos hace únicos, incluido el nombre, y está asociada a la individualidad que se ha perdido en *Moyenne*.

Reímos y tal vez valga la pena,
quitar algo de importancia,
a lo que va quedando atrás.

Fragmento de la canción *Volver a comenzar*, de Luz Casal

2

Neurodiversidad

Aprobé mis primeras oposiciones, las de maestra, en el año 1990, un mes justo después de la muerte de mi padre. Me presenté a las oposiciones del cuerpo de maestros por la especialidad de Pedagogía Terapéutica. Recuerdo que no quería ir a Zaragoza a hacer el examen; yo entonces vivía en Teruel, estaba muy abatida por esa muerte tan repentina e inesperada que me dejó sumida en la tristeza. La melancolía impregnaba toda mi vida y no me sentía capaz ni de volver a retomar los estudios, ni de sentarme en una mesa, ni de concentrarme, pero mi madre me animó, me dijo que había estudiado mucho, que mi padre confiaba mucho en mí... ¡Mi querida tejedora de alas! Ahí estaba una vez más, 48 años, viuda, con seis hijas y una madre a su cargo, rota de dolor por la muerte de su compañero de vida, y tejiendo mis alas con tanto amor y cuidado para que yo pudiese volar. Y aprobé. Y volé. Mi primer destino fue un centro de educación especial. ¡Cuánto aprendí y cuánto sigo aprendiendo cada vez que acompaño y hago formación en estos centros educativos! En aquel momento me preguntaba, como tal vez tú lo hagas, ¿por qué se llamarán *especiales*? Hace ya tiempo que leí el libro de Roger Slee[1] sobre la *escuela extraordinaria*, pero todavía hoy sus palabras resuenan en mi cabeza:

¿Qué es la escuela extraordinaria?, preguntará usted.

La escuela extraordinaria es mi respuesta a la poco pensada y excesivamente utilizada expresión **escuelas ordinarias**. La expresión en cuestión, la **escuela ordinaria**, se presenta con frecuencia como lo contrario de la escuela especial. También denota la escuela normal. Se deduce de ello que debe de haber estudiantes normales u ordinarios para quienes existan semejantes escuelas. Y, siguiendo esa misma lógica, tendrá que haber otros niños que no sean normales, ordinarios o válidos: son nuestra población inválida. Ya los llamemos **ordinarios**, ya **normales**, no cambian ni el significado ni el impacto social.

¿Por qué no rompemos el hechizo del promedio en *Moyenne* y deconstruimos esa imagen prefijada del otro que lo identifica con su diagnóstico y que le obliga a vivir fuera de la ciudad? En este libro voy a hablar del cerebro, de neuropedagogía, de neurociencia, y quiero explicar cómo una visión más abierta y flexible sobre los trastornos del neurodesarrollo nos ayudará a romper con las formas más violentas que encasillan cuerpos y mentes.

Voy a introducir ahora un nuevo concepto, el de *neurodiversidad*. Acaso lo hayas oído antes, o tal vez no, pero puedo asegurarte que en *Moyenne* esta palabra no forma parte del vocabulario habitual. El término *neurodiversidad* fue propuesto en 1998 por Judy Singer, una socióloga australiana autista, hija de una mujer autista y madre de una niña autista. Antes de continuar, quiero decir que utilizo de forma consciente la palabra *autista* para enfatizar su naturaleza como condición de vida.[2] Y ahora sigo con la historia. Judy Singer utiliza este concepto como sinónimo de *biodiversidad neurológica*. De esta forma, la neurodiversidad se corresponde con la diversidad de múltiples tipos de cerebros y mentes, siendo todos los funcionamientos neurocognitivos correctos, como estudiaremos a lo largo del libro.

Al cerebro típico, al que está dentro de la norma establecida por la sociedad, se lo llama *neurotípico*. Ser neurotípico[3] significa, pues, tener un funcionamiento neurocognitivo que está dentro de los estándares sociales dominantes de normal; sería, por lo tanto, el cerebro mayoritario. El concepto opuesto es *neurodivergente*.

La neurodiversidad es un hecho biológico, y así lo introdujo Judy Singer, pero, ojo, que no es un rasgo que tenga un individuo, es una forma de diversidad natural y valiosa, porque la diversidad enriquece. El paradigma de la neurodiversidad es una perspectiva, una mirada hacia la variabilidad humana, una forma de ver las diferencias neurológicas humanas. El movimiento de la neurodiversidad constituye un movimiento de justicia social que busca derechos, respeto y plena inclusión para todas las personas neurodivergentes. Así pues, hablar de *neurodiversidad* es aceptar que nuestros cerebros son únicos. Que tienen funcionamientos neurocognitivos diferentes. Que todos son válidos y que no hay uno mejor que otro.

En el primer cuarto del siglo XXI ya sería hora de que hablásemos de *neurodiversidad*,[4] no de *atender a la diversidad*. Deberíamos ya concebir las diferencias naturales que existen entre un cerebro y otro, en lugar de pretender que, en algún lugar oculto, hay un cerebro perfectamente normal con el cual el resto de los cerebros pueden ser comparados. Sabemos que no existe un cerebro estándar, por mucho que lo busquemos hacerlo, igual que no existe el estudiante promedio, por mucho que queramos seguir diseñando para él o ella en el aula.

Narrativas

Nos comunicamos con palabras, y con ellas creamos historias y tejemos la nuestra. El impacto que tiene el lenguaje en nuestra vida y en la de los demás, es enorme.[5] ¿Qué lenguaje tiene la discapacidad? ¿Qué lenguaje utilizamos para hablar de los habitantes de *Moyenne* que viven fuera de la ciudad? El lenguaje va a condicionar nuestra historia y la historia de los demás. Si nuestra narrativa, el modo como narramos nuestra vida o la de los demás, está impregnada de un lenguaje centrado en el diagnóstico, entonces se anatomiza y se deshumaniza a las personas, y se las reduce a déficits y características anatómicas, como ocurría con los libros de *Moyenne*, que, por supuesto, también ofrecen un listado de dificultades que tienen que modificarse desde una edad muy temprana, para ser normales, claro.

Pero ¿te has fijado alguna vez en el lenguaje que empleamos para narrar la historia de los habitantes de *Moyenne* que están en los márgenes de la ciudad? Os recuerdo que estos habitantes transitan por senderos poco iluminados, estrechos, desérticos y sin apenas un horizonte esperanzador.

> Es un día soleado del mes de octubre, Karima acaba de llegar a España y va a empezar primero de primaria. Es su primer día de colegio y allí solo tiene a su hermano, que es unos años mayor. No habla castellano, pero habla muy bien árabe y francés. En el mes de diciembre le hacen un informe psicopedagógico para determinar necesidades educativas especiales.
>
> El informe utiliza un lenguaje muy capacitista y busca justificar esas necesidades educativas con una narrativa segregadora y deficitaria. Se pueden leer frases como: «con Karima "no" es posible mantener conversaciones», «"no" juega con niños», «"no" inicia contactos con adultos conocidos», «a veces dibuja», «"no" muestra entusiasmo en el trabajo, e incluso a veces no responde a su nombre», «"no" imita, "no", "no", "no"...»», y Karima, en un momento, se convierte en la niña del NO y deja de ser Karima.

El lenguaje de este informe está plagado de frases asesinas, *killer phrases*,[6] en inglés. Son frases que dañan y duelen. Con estas frases no solo menospreciamos a la persona y la presentamos de una forma muy desfavorable, sino que su uso mantiene y refuerza las estructuras de poder.

En *Moyenne* es necesario un cambio de narrativas y pensar en el otro desde un sentido ético. El lenguaje de la educación no puede estar tejido con estas palabras, no podemos tejer alas para que nuestros estudiantes vuelen alto con frases que agreden y lastiman, porque será difícil alzar el vuelo. El lenguaje de la educación tiene que estar impregnado de otras palabras, palabras que permitan elevarse, que permitan surcar mundos, palabras como *amistad, equidad, cuidados, identidad, diversidad, respeto,* ética, *ayuda.* Las palabras te permiten pensar, sentir, crear; las palabras nos permiten soñar, volar, realizar, creer, crecer, de forma que las palabras que decimos y las palabras que escuchamos nos ayudan a ser quienes somos, y estas palabras pueden ser, o bien nuestro peor enemigo, o bien nuestro mejor aliado. Hay palabras que tienen demasiado poder sobre nuestra vida. Cuida tus palabras.

El filósofo francés Michael Lacroix habla de una ética del lenguaje,[7] una ética basada en el bienestar sentido por la persona. El filósofo propone que la buena comunicación debe construirse en torno a una actitud cortés, considerada, compartida, positiva y respetuosa, pero también tolerante y responsable. En *Moyenne* pareciera como si nos ensañáramos contra todos los estudiantes que viven fuera de la ciudad, alumnos que no logran aprender en los tiempos y en los modos establecidos.

Y en este mundo, en *Moyenne*, ahora más que nunca es preciso romper las dinámicas asfixiantes que aparecen en el lenguaje y en las prácticas educativas, así como ofrecer un resquicio de esperanza a todos los habitantes que viven fuera de la ciudad, caminando con paso firme hacia el horizonte utópico de la inclusión sin necesidad de que el otro, el diferente, haya de convertirse en idéntico para que se lo considere normal.

Ética del cuidado

Cuando preparaba las oposiciones de orientación, recuerdo que uno de los temas, el 13, estaba relacionado con la dimensión moral en la educación. Seguro que la mayoría de las personas que se preparaban o se están preparando el temario y que, como yo, se presentaban a estas oposiciones, hablarían de la conocida teoría del desarrollo moral de Kohlberg, pero creo que en aquel momento pocas introducirían en este tema la ética del cuidado. La ética del cuidado es un tema que me apasiona, y como creo, además, que tiene mucha relación con lo que estamos comentando, aunque sea brevemente voy a resumir lo que ya escribí en su momento en el blog.[8]

En su tesis doctoral en 1958, Kohlberg presentó su primer modelo del desarrollo del juicio moral. En el año 1976 reformuló su teoría, esta vez muy influenciada por la teoría del desarrollo cognitivo de Jean Piaget, que era su mentor. Tanto

Kohlberg como Piaget consideraban que el desarrollo moral y cognitivo pasan de un modo de pensar muy concreto a otro más abstracto. En el modelo de Kohlberg, las personas pasan por niveles. En el primer nivel se juzgan los acontecimientos desde una perspectiva egocéntrica con una visión orientada por el miedo al castigo y el respeto a la autoridad; de esta forma la persona asume que debe obedecer sin cuestionar para evitar el castigo y cada uno defiende lo suyo. El segundo nivel es más convencional; en él se tiene en cuenta la existencia tanto de relaciones interpersonales como de las convenciones sociales, de modo que lo que está bien o mal encaja dentro de valores de la comunidad y la sociedad. Y el tercer nivel corresponde al nivel más elevado; es una respuesta moral propia de la validez de principios morales universales y un sentido de compromiso social hacia ellos que cuestiona incluso si las leyes son justas.

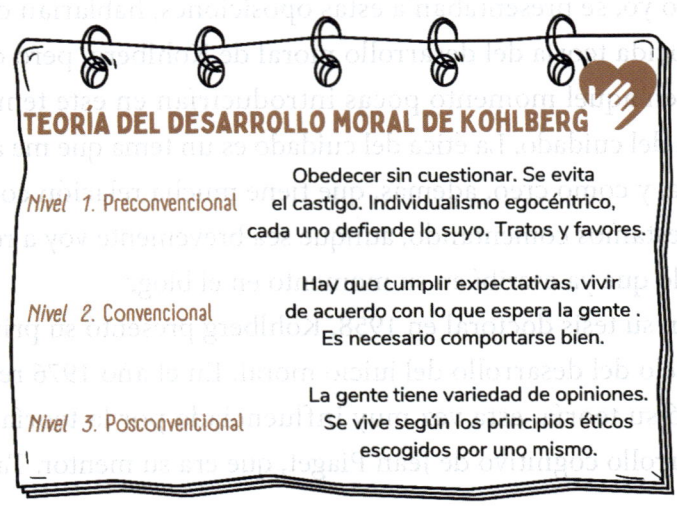

TEORÍA DEL DESARROLLO MORAL DE KOHLBERG

Nivel 1. Preconvencional — Obedecer sin cuestionar. Se evita el castigo. Individualismo egocéntrico, cada uno defiende lo suyo. Tratos y favores.

Nivel 2. Convencional — Hay que cumplir expectativas, vivir de acuerdo con lo que espera la gente. Es necesario comportarse bien.

Nivel 3. Posconvencional — La gente tiene variedad de opiniones. Se vive según los principios éticos escogidos por uno mismo.

En los años ochenta, Carol Gilligan era una estudiante de doctorado que estaba haciendo la tesis doctoral con Kohlberg. Interesada por este tema, replicó la investigación de su profesor. Al revisarla desde una perspectiva de género, obtuvo una valoración diferente en niños y niñas; mientras que los niños razonaban en términos de justicia, derechos o reglas, y alcanzaban el nivel más elevado del modelo de Kohlberg, las niñas lo hacían a partir del sentimiento humanitario, empatía y cuidados, permaneciendo en el nivel más convencional, donde se vive de acuerdo con lo que se espera. Al confrontar estos datos con Kohlberg, su director de tesis, este mantuvo que posiblemente el niño era más maduro moralmente que la niña. Carol Gilligan no compartía en absoluto estas reflexiones y en 1982 escribió su libro *In a Different Voice*,[9] destacando que hay una voz diferente a la ética de la justicia y que es la voz femenina de la ética del cuidado. Existen, por lo tanto, dos lenguajes para codificar el mundo moral, dos lenguajes que se complementan, y el cuidado es tan importante como la justicia. El cuidado al otro nos hace poner en juego relaciones de alteridad en un sentido ético. Estas voces diferentes se relacionan con la empatía y la compasión, y hablan de responsabilidad, de interdependencia y de equidad.

Para Joan Tronto,[10] los procesos del cuidado son complejos y requieren preocuparse (*caring about*), hacerse cargo (*caring for*), suministrar cuidados (*care giving*) y recibir cuidados (*care receiving*). Implica, en consecuencia, cuidar y ser cuidado sin obligaciones, pero con responsabilidades con respecto a otros. Incluye recibir la acción, pero también ofrecerla. Para esta autora, la construcción de una ética del cuidado debe hacerse siempre de una manera colectiva.

Empatía y compasión

Muy relacionadas con los cuidados están la empatía y la compasión, dos conceptos diferentes pero que requieren uno del otro.

> Has quedado con tu amiga Julia. Hace tiempo que no estás con ella y, cuando te acercas, ves que está llorando. Te cuenta que está pasando un mal momento en el trabajo y que esto la está afectando mucho en su vida familiar. Tú la escuchas sin intervenir, sin juzgar, sin opinar, una escucha activa y consciente. Dejas que hable y, cuando acaba, le ofreces tu apoyo y ayuda, y seguís hablando hasta que oscurece.

La sensibilidad que muestras ante el sufrimiento de Julia es la empatía, y el compromiso de aliviar ese sufrimiento es la compasión. Empatía y compasión no son sinónimos, son dos caras de la misma moneda: la *empatía*.[11] De forma que no todas las reacciones empáticas son iguales. Así, podemos hablar de una *empatía atencional*, que permite percibir el sufrimiento ajeno, ayudar y ser altruista, favoreciendo la respuesta compasiva; pero podemos hablar de una *empatía afectiva*, que bloquea a la persona que se angustia ante el sufrimiento ajeno y le impide ayudar.

La *compasión*[12] es un concepto que en la tradición cristiana hemos relacionado con la lástima, pero no es lástima lo que sientes por Julia, sino amor, y un deseo grande de ayudarla para aliviarle el sufrimiento. *Compasión* nunca debe ser sinónimo de *sufrir con*. La compasión requiere que usemos la empatía para ponernos en el lugar de Julia, pero, sobre todo, exige una apertura del corazón. Anna Forés y Jordi Grané nos hablan de resiliencia y neurociencia en el precioso libro *Los patitos feos y los cisnes negros*, en el cual explican que las relaciones resonantes son las que generan esperanza y compasión entre las personas,[11] y lo que nos convierte en humanos es, precisamente, el reconocimiento de la fragilidad y vulnerabilidad de nuestra propia condición humana.[13] No es la fidelidad o la obediencia a unas normas, a un código universal y absoluto. Las relaciones resonantes nos ayudan a ser conscientes de nuestra bondad interior, a sentirnos competentes y seguros.

Estos dos conceptos están siendo muy investigados en la actualidad desde la neurociencia. Mediante el estudio por neuroimágenes, se ha descubierto que son diferentes las redes neurales subyacentes a la empatía y a la compasión. Ya hablaremos de diferentes redes, pero veamos las diferencias.[14] Mientras que en la compasión están implicadas las áreas más relacionadas con el amor y el deseo de ayudar aliviando el sufrimiento, como la corteza orbitofrontal medial, el área tegmental ventral, el putamen, el pálido y la sustancia negra, en la empatía se activan la corteza cingulada media anterior, el giro supramarginal, la corteza prefrontal y la ínsula anterior, aspectos afectivos del dolor. Esta diferencia es crucial, fundamentalmente, porque la compasión activa la zona motora del cerebro[11] y esto nos faculta para movernos, para calmar el sufrimiento, mientras que en la empatía esto no pasa necesariamente. Podríamos decir, de forma poética, que el amor modifica el cerebro.

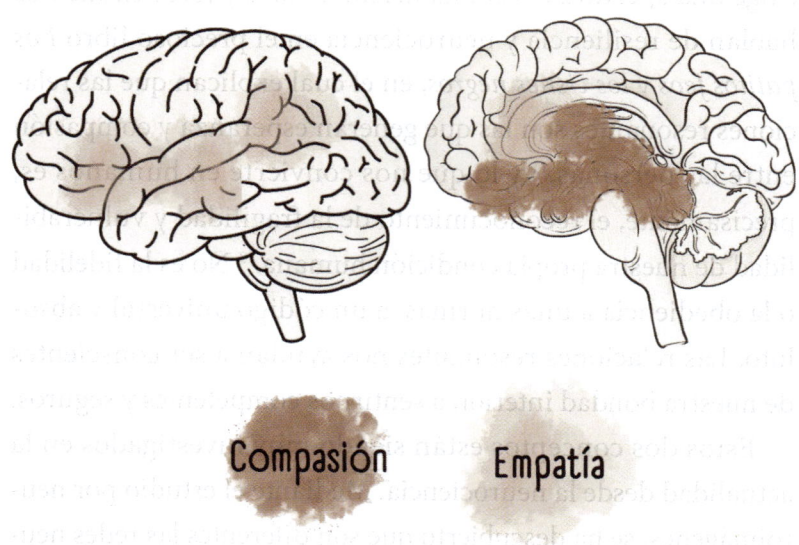

Compasión   Empatía

Dejamos ya *Moyenne* y nos adentramos en la comprensión del cerebro. Los capítulos que siguen son necesarios para entender funciones cerebrales complejas que nacen de la interacción entre muchas regiones diferentes y distantes, pero también son importantes para conocernos y para conocer a los habitantes de *Moyenne*.

Veremos si, después, valió la pena,
sacar todo eso que duele,
y volver a comenzar, volver a comenzar.

Fragmento de la canción *Volver a comenzar*, de Luz Casal

3

Emociones

Recuerdo a mi padre escuchando música clásica todos los domingos del año. Recuerdo verlo disfrutar, emocionarse, era su momento, pero también el mío, me gustaba acurrucarme junto a él mientras escuchábamos la música de Smetana, Wagner, Bach, Chopin, Debussy, Albéniz, Grieg... Tenía una maravillosa colección de discos que cuidaba con esmero. Desde entonces ha pasado ya mucho tiempo, pero todavía me conmuevo al escucharlas. Y hay una que, sin ningún lugar a dudas, cada vez que la escucho me sigue poniendo la piel de gallina: la *Rapsodia y tema de Paganini n.º 18*, de Rachmaninov.[1] Primero, el piano, interpretando una melodía mágica que va *in crescendo*; luego aparece la orquesta y juntos van aumentando la intensidad de forma armoniosa hasta que la orquesta desaparece; y, para terminar, solo se oye el piano, que deja que el sonido se pierda. El sonido del piano cierra esta variación. Magistral.

Todo lo que sentía y siento al escuchar esa obra son emociones. Escucharla me sobrecoge, me serena, pero también me llena de melancolía y añoranza. Las emociones no están en un lugar fijo de nuestro cerebro, sería *localizacionista* pensar que solo la estructura límbica está relacionada con las emociones. Las emociones, igual que otras funciones cerebrales complejas como la atención, la memoria o la toma de decisiones nacen de la interacción de distintas neuronas en distintas regiones del cerebro, pero sincronizadas y actuando a la vez como *redes distribuidas,* como hace la orquesta al interpretar la *Rapsodia sobre un tema de Paganini en La menor, op. 43*, de Rachmaninov. A este principio del cerebro se le llama *sincronización neuronal*. Los modelos recientes sugieren que la generación, percepción y regulación de las emociones dependen de múltiples redes cerebrales a gran escala que interactúan entre sí.[2] Con todo, a pesar de las crecientes investigaciones en este campo, es difícil determinar la naturaleza funcional exacta y las diferentes características topológicas de estas redes neuronales.

¿Cómo definir qué es una *emoción*? Por una parte, durante muchos años, a la emoción se la ha alejado de la razón, dotándola incluso de cierta connotación negativa y asociándola muchas veces solo a las mujeres. Recuerdo la Navidad de 2021 leyendo el libro de Isaías Lafuente *Clara Victoria,*[3] y asombrarme por la réplica que Roberto Novoa Santos, diputado por la Federación Republicana Gallega y médico de profesión, le hizo a Clara Campoamor cuando ella defendía el voto de la mujer el 2 de septiembre de 1931, que textualmente decía «la mujer es todo pasión, todo emoción, todo sensibilidad; no es, en cambio, reflexión, no es espíritu crítico, no es ponderación». Increíble ¿verdad? ¡Y no han pasado ni cien años de este pensamiento!

También hemos oído en numerosas ocasiones, siempre desde una mirada capacitista, que las personas con autismo no tienen teoría de la mente. Incluso en el DSM 5, uno de los criterios diagnósticos del trastorno del espectro autista es que presentan deficiencias en la reciprocidad socioemocional, y a este respecto a menudo se usa la expresión: «¡Es que viven en su mundo!», a lo que yo respondo: «¿En qué mundo vives tú?». Las emociones son así, un constructo complejo que en la actualidad se suele reducir a hormonas, incluso se habla de las *hormonas de la felicidad*; en las aulas se reducen a colores con libros sobre monstruos, y muchas veces se reducen a caritas. Pero trabajar las emociones en el aula implica no solo reconocerlas en ti mismo o en el otro, sino también reconocer dónde las sientes en el cuerpo, reflexionar sobre ellas y, por encima de todo, controlarlas. Tal vez la regulación emocional, la capacidad para sentir las emociones y para adaptarse al contexto de forma adecuada, sea el proceso más complejo y más vinculado con un bienestar general.

Hay otro aspecto muy interesante de las emociones: la *metaemoción*, o cómo nos sentimos acerca de cómo nos sentimos, o, expresado de otra forma, la emoción de la emoción, o los sentimientos de los sentimientos. Una cosa es sentir las emociones y otra, controlarlas y ser conscientes de estas. Creo que, antes de avanzar, es preciso diferenciar entre *emoción* y *sentimiento*. La emoción es un estado transitorio que aparece de forma espontánea, y conlleva cambios comportamentales y fisiológicos en el cuerpo, mientras que el sentimiento es el componente cognitivo de la emoción, es más duradero y persistente, y tiene menos afectación fisiológica.

Etimológicamente, *emoción* proviene del latín *emovere*, que significa 'moverse hacia', e implica, por lo tanto, acción. Las emociones son episodios de cambios afectivos complejos frente a las circunstancias de la vida[4] que conllevan un sentimiento subjetivo interno. Recuerda que los humanos somos *Homo sapiens sapiens* por el nivel de consciencia en nuestras experiencias subjetivas.

Disfruto escuchando a Nazareth Castellanos. Para mí, es una persona referente a la hora de entender la relación entre cerebro y cuerpo, una gran comunicadora que transmite emoción. Cuando habla, ella siempre insiste en que la emoción es cuerpo.[5] La emoción involucra al cuerpo, de forma que las señales internas de este captan tanto la información visceral proveniente del corazón, los pulmones, el estómago, los intestinos, la vejiga o la piel como la no visceral, como la respiración, el hambre o la sed. En la actualidad se sabe que estos cambios corporales y sus señales interoceptivas, que provienen del propio cuerpo, ayudan a constituir sentimientos y comportamientos emocionales, y que todas estas señales influyen en los procesos emocionales y motivaciones, en la toma de decisiones y en el sentido de uno mismo.[6]

Un poco de neuroanatomía de la emoción

¿Cuáles son las estructuras cerebrales fundamentales para el procesamiento emocional? Quiero que entiendas que el cerebro es un sistema de redes neurales, como veremos más adelante, y que abordar anatómicamente las emociones supone conocer una zona involucrada en este procesamiento, pero que en ningún caso ha de entenderse como un todo rígido. Ya te conté en la introducción que vamos a movernos en una concepción moderna del procesamiento, las *redes distribuidas*. Veremos en el capítulo próximo cómo el cerebro se va reconfigurando cada segundo para dar lugar a la complejidad de la mente, en este caso, de nuestras emociones.

En la imagen de debajo se observa el sistema límbico y, dentro de él, destacamos el papel del tálamo, el encargado de enviar los mensajes procedentes de los órganos sensoriales, como los ojos, los oídos, la nariz y los dedos, a la corteza cerebral (el olfato tiene su propia vía, mucho más directa); el papel del hipocampo, estructura clave en la memoria; el papel de la amígdala, involucrada en las emociones, fundamentalmente en el miedo; el papel de la corteza cingulada o puerta de entrada y salida entre la parte más subconsciente y la consciente; o el papel del hipotálamo en la regulación de los estados de ánimo, puesto que es el que envía órdenes al cuerpo para que este se adapte (la emoción es cuerpo).

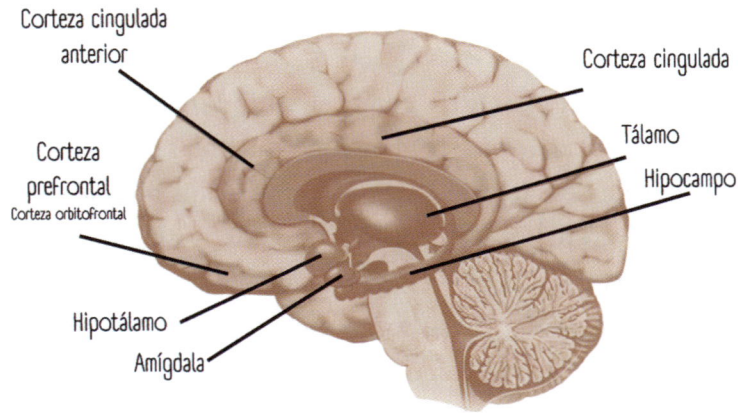

Corteza cingulada anterior

Corteza cingulada

Corteza prefrontal
Corteza orbitofrontal

Tálamo

Hipocampo

Hipotálamo

Amígdala

Pero recuerda siempre que no podemos quedarnos con la idea *localizacionista* de que las emociones solo están en el sistema límbico. En nuestra idea de cerebro, se ha de integrar este sistema en una visión más amplia de redes complejas conectadas, a su vez entre sí: *redes distribuidas*.

Paul Ekman identificó en 1972 seis emociones básicas y universales: la ira, el asco, el miedo, la alegría, la tristeza y la sorpresa. La neuroanatomía de la emoción está estudiando las estructuras de nuestro cerebro que se asocian a cada emoción básica; ejemplo, el miedo en la amígdala o el asco, en la ínsula. Y se cree que el cerebro humano codifica las emociones en sistemas neurales parcialmente separados, pero interconectados.[7]

Estas emociones indican que algo pasa a nuestro alrededor y son clave para la supervivencia, transmiten información y nos preparan para la acción. En relación con las emociones, tenemos que hablar de regulación emocional[8] o de la capacidad para mantener y controlar nuestras emociones y sentimientos dentro de un rango que nos permita un comportamiento máximamente eficiente y adaptado. La capacidad de regular las emociones es esencial para el logro de los objetivos y del bienestar.

Estrés

Juan lleva ya mucho tiempo cansado. En el trabajo no cumple los plazos del proyecto que le imponen sus jefes, y es imposible lograrlo si cada día se amontonan más papeles sobre su mesa, ¡está sobrecargado! Necesitaría a alguien más en su equipo; antes podía con todo, pero ahora ya no se siente capaz. Duerme mal, está triste, demasiado irritable, a la mínima contesta airado. Y todo esto pasa factura en el hogar, las relaciones de pareja se están resintiendo, solo salir a caminar al monte lo ayuda a desconectar, ¡cómo disfruta con los paisajes majestuosos del Pirineo! Y después de uno de estos paseos piensa, ¡esto no puede seguir así!

Ante un estresor, nuestro cuerpo se prepara para la lucha o la huida, como le ocurre a Juan. El estrés crónico que sufre afecta a su sistema endocrino y libera cortisol, pero también produce hipertrofia de la amígdala. ¿Qué significa esto? Significa que la amígdala aumenta de tamaño, que tanto anatómica como funcionalmente se hace más grande y que Juan entra en un secuestro amigdalino en situaciones que no son de alarma. Ante esta situación, la amígdala grita,[7] pero, cuando Juan sale a caminar al monte, cuando ve cosas placenteras, que le gustan y emocionan, su amígdala se silencia. El ejercicio físico, el baile y la meditación ayudarán a Juan a disminuir la amígdala y salir del secuestro.

Pero ¿qué ocurre cuando el estrés lo tienen nuestros estudiantes? ¿Qué pasa cuando se enfrentan diariamente a eventos estresantes como penalizar errores, acoso escolar, abandono, maltrato, dificultades escolares, que producen sentimientos de desolación, tristeza, depresión e impotencia? El exceso de cortisol en el cerebro infantil tiene efectos negativos en la memoria y en otras funciones cognitivas, y también tendrá repercusiones en su vida adulta. Cuando un niño o niña sufre una agresión física o verbal, se activa el sistema de respuesta al estrés y, como le sucedía a Juan, se produce una hiperactividad amigdalar que daña las neuronas del hipocampo; recuerda que esta estructura juega un papel crucial tanto en la memoria como en la regulación de las hormonas del estrés.

Nos estresamos cuando sentimos que no podemos hacer frente a lo que el medio nos solicita. Robert Sapolsky[9] habla del *estrés que nos encanta*. Este es un estrés leve, pasajero, que se da en un contexto benévolo. La ausencia completa de estrés es aburrida, pero, a medida que el estrés se cronifica, se vuelve más prolongado y los efectos positivos desaparecen. El estrés puede alterar la cognición, el control de los impulsos, la regulación emocional, la toma de decisiones, la empatía y la sociabilidad.

El estrés es una respuesta normal de nuestro cuerpo, y en su justa medida es necesario y beneficioso. Pero, cuando la respuesta de estrés se vuelve crónica porque el estresor es constante, es muy perjudicial. Nos estresamos cuando sentimos que no podemos manejar lo que el medio nos solicita, y eso es lo que les ocurre a nuestros estudiantes en *Moyenne*.

Neurociencia del apego

Estando como directora en el colegio, recuerdo dos casos relacionados con el apego. En una ocasión, llegó una niña nueva que desde su nacimiento se había criado con su abuela en otro país. Cuando yo la conocí tenía 5 años y venía a España para quedarse y conocer a sus padres, pero aquí no solo estaban sus padres, sino un hermano más pequeño al que tampoco conocía. La escolarización fue difícil, todo era nuevo y desconocido para ella. En el aula mostraba su desconfianza a través de sus conductas y respuestas emocionales. Era una niña muy grande con mucha fuerza. Chillaba, levantaba las sillas, las tiraba por los aires, zarandeaba a sus compañeros y compañeras, y daba patadas y manotazos a todas las personas que se ponían por delante. Otro caso que recuerdo era el de un niño de 3 años que estuvo toda la etapa de infantil sin abrir los ojos. Permanecía en la escuela con los ojos cerrados durante toda la jornada de cinco horas. Además, presentaba una actitud pasiva ante todas las actividades que se hacían en clase. No se implicaba emocionalmente con nada ni con nadie, era como si las relaciones con los demás en el aula no le interesasen en absoluto.

Las emociones y las relaciones cambian la estructura y el funcionamiento del cerebro más que cualquier otra experiencia. Una relación de apego segura entre el bebé y los adultos cuidadores, y una relación en la que los adultos hacen que el bebé se sienta sentido,[10] va a conseguir que el niño alcance un adecuado desarrollo emocional, cognitivo, lingüístico, social...[11] La necesidad de apego empieza con el nacimiento, aunque no termina en la infancia. El vínculo de apego es un sistema abierto que se retroalimenta y reacciona según las circunstancias a las que nos enfrentamos durante toda la vida.

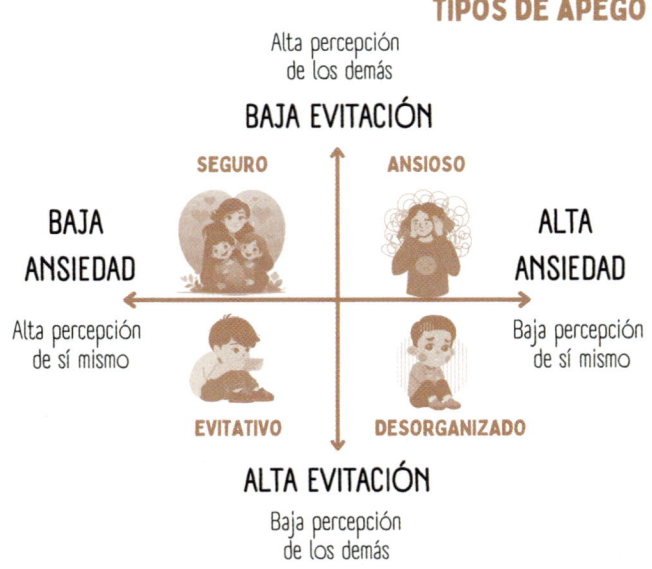

TIPOS DE APEGO

Alta percepción
de los demás

BAJA EVITACIÓN

SEGURO   ANSIOSO

BAJA   ALTA
ANSIEDAD   ANSIEDAD

Alta percepción   Baja percepción
de sí mismo   de sí mismo

EVITATIVO   DESORGANIZADO

ALTA EVITACIÓN

Baja percepción
de los demás

La teoría del apego de Browlby[12] diferencia entre el *apego seguro* y el *apego inseguro*. Para este autor, cuando el niño se siente amenazado, se activa su sistema de apego y busca instintivamente la protección del adulto. El apego seguro se da cuando el niño encuentra protección de forma habitual. Si, por el contrario, esta protección falla, el niño desarrolla una profunda inseguridad en la relación con los adultos, por la cual todas sus relaciones interpersonales adultas están basadas en la desconfianza.[13] Hay tres tipos de apego inseguro: apego inseguro-evitativo, con desconexión emocional del niño; apego inseguro-ansioso ambivalente, con una búsqueda ansiosa de la proximidad del otro; y apego desorganizado, relacionado con un niño más disruptivo.

Para comprender las consecuencias de un apego inseguro, es imprescindible entender qué es el *neurodesarrollo*. El neurodesarrollo es un proceso ordenado por medio del cual el cerebro se organiza. Son procesos fundamentalmente prenatales: la proliferación o formación de neuronas, relacionadas con la neurogénesis o nacimiento de neuronas, que es muy intensa hasta la mitad del cuarto mes de gestación; la migración de estas, en torno al segundo trimestre de embarazo, en que las células nerviosas se desplazan hacia su destino definitivo; la diferenciación neuronal o especialización celular, y la sinaptogénesis, cuando las neuronas comienzan a dialogar entre ellas; las sinapsis comienzan a partir del quinto mes de embarazo y terminan años después del nacimiento.

En el momento del nacimiento hay muy poca mielina, una sustancia blanquecina que recubre el axón de muchas neuronas y que permite que las neuronas «hablen entre sí». Aparece el proceso de mielinización que se da en el cerebro de abajo arriba, de atrás hacia delante y de derecha a izquierda, de forma que las áreas de mielinización más tardías son la corteza cerebral y el córtex prefrontal.

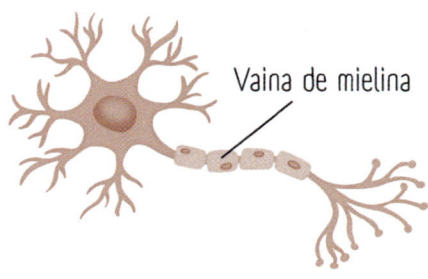

Vaina de mielina

Entre los tres y diez años, el ritmo del neurodesarrollo disminuye en comparación con los tres primeros años de vida, y tendrá lugar la primera poda neuronal. En la adolescencia es cuando se produce la mayor poda, ya que, al inicio de la pubertad, tiene lugar una segunda sobreproducción de materia gris (dendritas y conexiones sinápticas). Estas podas son necesarias y hacen que el cerebro sea más eficiente. Durante esta etapa de la vida, en las áreas más activas de la corteza cerebral, se perderán unas 5000 sinapsis por segundo;[8] pero no te asustes, se pierden todas aquellas que estaban inactivas. Llegados a este punto, tal vez te preguntes: ¿cómo se activan las neuronas? Al principio, se activan gracias a descargas electroquímicas espontáneas, pero luego serán las relaciones interpersonales, las experiencias vividas y la estimulación ambiental las responsables de ello.

Concluimos este capítulo con dos conceptos importantes: los *periodos sensibles* y los *periodos críticos*. Los periodos sensibles son ventanas de oportunidad, momentos óptimos para el desarrollo. Es el tiempo que dura la proliferación y la poda neuronal y son etapas de alta plasticidad, lo que significa que en ese momento el cerebro tiene una gran capacidad para aprender de las relaciones interpersonales, de las experiencias vividas y de la estimulación ambiental. Por su parte, el periodo crítico es una ventana temporal en la que se pueden adquirir ciertas capacidades.

PERIODOS SENSIBLES

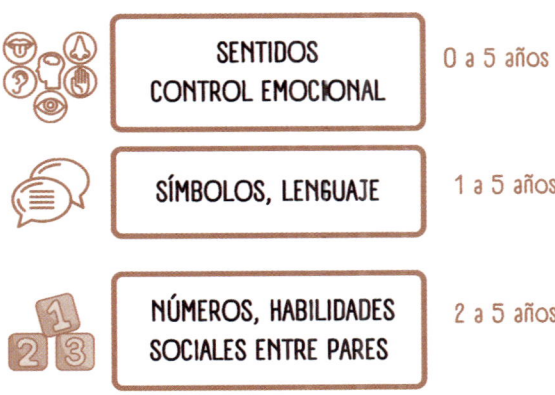

	SENTIDOS CONTROL EMOCIONAL	0 a 5 años
	SÍMBOLOS, LENGUAJE	1 a 5 años
	NÚMEROS, HABILIDADES SOCIALES ENTRE PARES	2 a 5 años

Fuente: CouncilGraph developed by Council for Early Child Development
(ref: Nash, 1997; Early Years Study, 1999; Shonkoff, 2000.)

Si el entorno no proporciona los estímulos adecuados durante los períodos críticos y sensibles, el daño en el neurodesarrollo del niño puede afectar a su salud mental y física el resto de su vida.[14] ¿Qué ocurre en la adolescencia? En la adolescencia, las nuevas experiencias de apego seguro pueden reorganizar el funcionamiento cerebral y favorecer de nuevo, así, un funcionamiento bien integrado.[8]

¡Qué importante es este tema! ¡Y qué necesario en *Moyenne*! En *Moyenne* hay muchos adolescentes que se han salido del sistema.

Y si gana la derrota habrá que volver a empezar,
apostar aún más alto y comenzar a pelear.
Sé que el vértigo se irá, pero sólo si te atreves a saltar,
saltar una vez más.

Fragmento de la canción *Volver a comenzar*, de Luz Casal

4

Cerebros únicos. Seres humanos únicos

Mi marido, que es la persona que más tiempo pasa conmigo y mejor me conoce, siempre me dice que tengo un cerebro privilegiado. Yo creo que es un exagerado y que las conexiones rápidas que hago entre conceptos, o cómo enseguida relaciono conceptos nuevos con otros ya aprendidos, son el resultado de las horas de estudio y reflexión sobre lo que aprendo; aunque también la genética habrá hecho de las suyas, y, de hecho, siempre he considerado a mi padre como la persona más inteligente que he conocido.

Pero no voy a hablar de mí ni de mi padre, sino de un tema que me apasiona: el cerebro. Entender el cerebro nos ayudará a conocernos mejor y a conocer a los habitantes de *Moyenne*. Si nos lo tenemos que imaginar, el cerebro tiene el tamaño de un coco, la forma de una nuez, el color del hígado sin cocer y la consistencia de la mantequilla fría.[1] Aunque su aspecto es fácil de describir, entenderlo no es tan sencillo. El cerebro es una estructura compleja que dicta y guía toda nuestra actividad mental, desde los procesos inconscientes como la respiración hasta los procesos conscientes como la metacognición.

El cerebro es estudiado por la neurociencia. La neurociencia es, entonces, la ciencia que estudia y busca comprender la estructura y el funcionamiento del sistema nervioso. El sistema nervioso se divide en *sistema nervioso central* y *sistema nervioso periférico*. De tal modo que, aunque siempre se hable del cerebro, es fácil ver la conexión que tiene con otras partes del cuerpo y cómo forma parte de un sistema, en este caso, el sistema nervioso central.

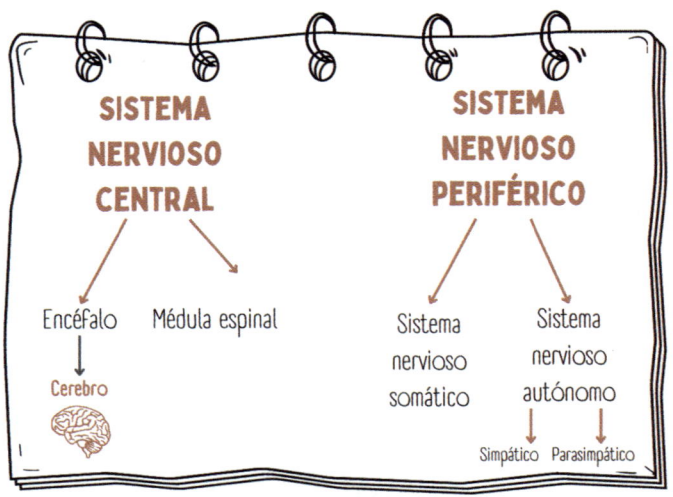

La neurociencia es una ciencia transdisciplinar; ¿qué quiere decir esto? La transdisciplinariedad es el nivel superior en la colaboración entre disciplinas y es el que ofrece una visión más real del mundo. En la transdisciplinariedad, entre las distintas disciplinas existen objetivos y habilidades compartidos que transcienden los límites de una u otra disciplina.[2] En este caso, la neurociencia se ayuda de la psicología cognitiva, de la biología, de las matemáticas, de la filosofía, de la informática, de la medicina, de la lingüística, de la farmacología, de las ciencias sociales... Esta transdisciplinariedad permite que hoy en día la neurociencia investigue, por ejemplo, las conexiones entre el cerebro y el cuerpo analizando las funciones más biológicas del sistema nervioso, como la respiración o el sueño. O que se interese por la salud mental en general, con ramas en la neurociencia afectiva o de las emociones, en la microbiota y su relación con el cerebro, en la neurociencia del apego, o, recientemente, poniendo el foco la neurociencia de la meditación. O incluso que siga ampliando su conocimiento sobre el conectoma, permitiendo, entonces, avanzar en el estudio de las redes neurales (más adelante dedico un apartado a este tema, por lo que aquí solo os diré que el conectoma es el mapa de las conexiones en el cerebro).

Antes de definir qué es el *cerebro*, quiero incidir en que cada cerebro es único, y este concepto es fundamental en la educación. Desde una visión muy capacitista nos convencemos de que existe un cerebro estándar o hasta que hay cerebros más capaces que otros. Ya hemos hablado de esta cuestión cuando explicaba qué es la neurodiversidad. Aquí podemos decir que cada cerebro es un universo distinto que cuenta con una huella dactilar única para cada persona, de forma que todos somos seres humanos únicos. Sabemos que esta huella cambia con el tiempo[3] y, en este punto, me viene a la cabeza la definición que aparece en el libro *Dime qué sientes,* de Jesús Martín-Fernández, un joven neurocirujano que ha diseñado un test para identificar en vivo el procesamiento emocional de los pacientes. La definición de *cerebro* que aparece en su libro es la siguiente: el cerebro es un sistema eléctrico en cinco dimensiones, las tres dimensiones del espacio que ubican y localizan las estructuras cerebrales en coordenadas cartesianas; la neuroplasticidad, que se modifica a través del tiempo, y la variabilidad existente entre los sujetos. Esto representa un cambio de paradigma y, en dicho cambio, el cerebro está formado por un sistema de redes neurales que van reconfigurándose a cada segundo para dar lugar a la complejidad de la mente.[4] Se rompe, así, con la visión rígida, localizacionista y modular que imperaba hasta ahora, donde una función determinada se relacionaba con una área cortical concreta y aislada, y donde se consideraba que la organización cerebral era similar en todas las personas.

Metarredes

Sofía va camino de la escuela a buscar a sus hijas antes de llevarlas al conservatorio, donde estudian piano, y va pensando en todo lo que tiene que hacer mientras ellas estén allí. Aprovechará para hacer la compra de la comida familiar de este fin de semana, ¡qué ganas de estar con su madre y sus hermanas!, y una sonrisa ilumina su rostro. Para que no se le olvide nada, coge el móvil, revisa el menú que ya ha elegido y va anotando la lista de todo lo que tiene que comprar. ¡Está tan contenta! Se da cuenta de que se le relaja la tensión muscular, y eso está muy bien, porque lleva una semana de mucho estrés.

¿Qué está pasando en el cerebro de Sofía? Que se está enfocando en el yo, en su diálogo interno, podríamos decir incluso que va en piloto automático a buscar a sus hijas (red neuronal por defecto, implicada en la capacidad de introspección y metacognición), y la idea de estar con su madre y sus hermanas el fin de semana le hace sonreír (red de reconocimiento emocional). Quiere que todo esté perfecto, y entonces coge el móvil, revisa el menú y comienza a escribir la lista de la compra (red frontoparietal, encargada de dirigir la atención y las funciones ejecutivas en una tarea), está más relajada y nota menos tensión muscular, y seguro que también ha disminuido su tensión arterial (red cíngulo-opencular, que recibe y procesa la información que nos llega sobre nosotros mismos y del exterior).

En la actualidad, como se ha dicho, se está superando la visión localizacionista tradicional, y partiendo de los datos recientes sobre el conectoma cerebral, Herbet y Duffau, dos neurocientíficos franceses, uno de ellos mentor del joven doctor Martín-Fernández, han propuesto una teoría alternativa de metarredes.[5] Este modelo considera que las funciones cognitivas complejas como las emociones, la memoria o el proceso de empatía surgen de la interacción transitoria entre varias redes, creando, de esta forma, una metarred o red que surge de la interacción de diversas redes. Las redes que aparecen activadas en la historia de Sofía interactúan entre sí, generando, por ejemplo, la euforia por el encuentro o la preocupación por que todo salga bien.

Conectoma

Se llama *conectoma* al mapa de las conexiones en el cerebro y se puede hablar tanto de *conectoma estructural*, cuando las neuronas se conectan unas con otras, como de *conectoma funcional*, cuando las neuronas funcionan de forma conjunta sin que estén conectadas físicamente.[6] En el libro *Neuroeducación y diseño universal para el aprendiz*aje dedico un capítulo entero a este concepto. Es un tema tan apasionante que ya hace años que en el ámbito internacional se está investigando en dos proyectos diferentes que comparten un objetivo: avanzar en el conocimiento del cerebro. El primero de los proyectos es el proyecto Conectoma humano,[7] que se inició en Estados Unidos en julio de 2009 y que pretende construir un mapeo de red sobre la conectividad tanto a escala anatómica como funcional del cerebro. El segundo es el proyecto Cerebro humano,[8] apoyado por la Unión Europea, que se desarrolló entre 2013 y 2023 y que, sustentado en la neurociencia digital, ha centrado su estudio en una nueva comprensión del cerebro que facilite nuevos tratamientos para las enfermedades cerebrales y nuevas tecnologías informáticas similares al cerebro.

Este mapa del cerebro dibuja conexiones y permite trabajar a distintos niveles: a un nivel sináptico dibujando las conexiones entre neuronas, o a un nivel más macro, estudiando la actividad de las redes neurales o incluso entre redes. El propio concepto de *metarred* (red de redes) se basa en los nuevos conocimientos sobre el conectoma.

El cerebro no puede verse como un sistema tridimensional estático, sino que se trata de un metasistema dinámico, en continuo movimiento y flexible, cuyo funcionamiento está generado por la constante interacción de una red con otra. Este funcionamiento es el que nos hace seres humanos únicos.[9]

Neuroanatomía de las redes

Este apartado va a ser el más técnico, pero creo que es imprescindible explicar todos los conceptos que van saliendo y que seguirán haciéndolo a lo largo del libro. A estas alturas ya sabes que nuestro cerebro está organizado en redes y estas, a su vez, en metarredes, pero ¿de qué redes estamos hablando? ¿Cuál es su estructura y su función?

La *red frontoparietal* está involucrada en el control cognitivo y juega un papel clave en la recuperación de la memoria, el pensamiento abstracto y la toma de decisiones. Está formada por la corteza frontal, el lóbulo parietal, el precúneo y la corteza cingulada.

La *red cíngulo-opercular* o *red de saliencia* es fundamental para activar y mantener el modo consciente y voluntario de procesamiento propio de la atención, como veremos más adelante. Está formada por un conjunto de regiones cerebrales cuyos centros corticales son las cortezas cinguladas anterior e insular anterior ventral. También incluye nodos en la amígdala, el hipotálamo, el cuerpo estriado ventral, el tálamo y núcleos específicos del tronco encefálico. A través de las interacciones entre sí, estas áreas formarían una especie de bucle de procesamiento de información para representar y responder a los estímulos internos o externos homeostáticamente,[10] y tiene mucha relación con otra red, la red neuronal por defecto.

La *red neuronal por defecto* es el estado natural del cerebro. Está implicada en el diálogo interior y en la introspección, y se vincula con el sentido de sí mismo y la autoimagen. De hecho, todos somos narradores de nuestra propia vida, todos escribimos mentalmente la novela de nuestra vida, en la cual queremos el papel protagonista.[11]

La *red de reconocimiento emocional (o red mentalizing)* abarca todo el cerebro y engloba la unión temporoparietal, el precúneo, los lóbulos temporales anteriores, la corteza prefrontal dorsomedial y la corteza prefrontal ventromedial.[12] Comprender las intenciones, las emociones y los sentimientos de otras personas es un componente básico de la cognición social humana. La mentalización es crucial para desenvolverse con éxito en el mundo social, ya que nos permite predecir, explicar y manipular el comportamiento de los demás.

Lloramos cuando el miedo se retuerce,
cuando ya no quedan ganas,
cuando ya no puedes más.

Fragmento de la canción *Volver a comenzar*, de Luz Casal

5

Funciones ejecutivas e inteligencia, ¿son lo mismo?

Siempre cuento la misma historia porque sé que a mi hermana no le molesta. Hace años, cuando mi hija mayor era pequeña y todavía no había nacido mi segunda hija, una de mis hermanas vino conmigo a Zaragoza, porque iba a estudiar el Certificado de Aptitud Pedagógica, sustituido en la actualidad por el Máster en Formación del Profesorado. Como a mí me parecía que mi hermana no se organizaba bien, decidí regalarle para Reyes una agenda. Os puedo decir que entonces no era tan habitual trabajar con la agenda. Hasta aquí la historia no tiene transcendencia, seguro que muchas personas ahora estáis pensando: «Yo también regalo agendas» o: «Yo hace años que utilizo agendas», pero ¿os han regalado una agenda escrita? Eso es lo que hice yo, le fui anotando los exámenes, la entrega de los trabajos y cómo tenía que organizarse para lograr todos los objetivos, lo cuales, por supuesto, también añadí. Le regalé una agenda con toda la vida escolar de ese curso planificada.

Tengo que deciros que yo soy la mayor y ella es la quinta, y que yo debo de tener funciones ejecutivas de serie, porque soy muy *organizadica*, como se dice en mi tierra.

Definir *funciones ejecutivas* es complejo. Podríamos de decir que es un constructo multidimensional, una construcción teórica con muchas dimensiones y que tiene exceso de significados. Aquí vamos a elegir la definición que utiliza Adele Diamond en su artículo *Executive functions*.[1] Adele Diamond es profesora de neurociencia cognitiva del desarrollo en la Universidad de la Columbia Británica, en Vancouver, y una de las máximas exponentes en este tema. Para ella, las funciones ejecutivas son un conjunto de habilidades o funciones cognitivas complejas que permiten jugar mentalmente con ideas, tomarse un tiempo para pensar antes de actuar, afrontar desafíos nuevos e imprevistos, resistir tentaciones y mantenerse concentrado. Existe un acuerdo en el hecho de que las funciones ejecutivas básicas son tres: la *inhibición* o *control inhibitorio*, que incluye el autocontrol y control de interferencias; la *memoria de trabajo*; y la *flexibilidad cognitiva*. A partir de estas funciones, se construyen las funciones ejecutivas de orden superior, como son el razonamiento, la resolución de problemas y la planificación, relacionadas, como veremos, con la inteligencia fluida. Como observamos, todas ellas son funciones ejecutivas centradas en la cognición. En la actualidad reciben el nombre de *funciones ejecutivas frías*.

Diana está en clase haciendo un descanso activo que consiste en bailar mientras suena la música y pararse cuando la música se para. En ese momento ella enseña un color y sus estudiantes realizan una acción. Previamente, ha identificado cada color con la acción: el color azul es tocarse la cabeza con las dos manos, el color significa tocarse cada oreja con la mano contraria, y con el color naranja deben poner las dos manos en el suelo.

Con esta actividad, Diana está trabajando y entrenando las funciones ejecutivas en el aula. Para recordar las consignas, sus estudiantes están manipulando la información y trabajando con la memoria de trabajo; cuando la música se para, es necesario un control inhibitorio, y el cambio de consignas o de colores requiere flexibilidad cognitiva. Analicemos ahora estos componentes de forma más detallada.

FUNCIONES EJECUTIVAS

Las funciones ejecutivas son un conjunto de habilidades o funciones cognitivas complejas que permiten jugar mentalmente con ideas, tomarse un tiempo para pensar antes de actuar, afrontar desafíos nuevos e imprevistos, resistir tentaciones y mantenerse concentrado.

| Control inhibitorio | Memoria de trabajo | Flexibilidad cognitiva |

Control inhibitorio

Carlos está distraído en clase, la profesora está hablando de las características del clasicismo vienés del siglo XVIII y está poniendo obras de Haydn, Mozart y Beethoven para identificar esas características, pero él se ha quedado con la historia de que Beethoven se quedó sordo y desde ese momento está pensando en: «¿Cómo pudo componer si estaba sordo?», y entonces deja de atender a lo que le está explicando la profesora. Antes de que se diese cuenta, ya estaba haciendo esa pregunta en voz alta e interrumpiendo su explicación.

Cuando es la hora de salir, va a casa acompañado de unos amigos y no para de hablar de la sordera de Beethoven. Está tan ensimismado que cruza sin respetar las normas de tráfico con el semáforo en rojo, incluso un coche tiene que frenar para no atropellarlo. Es incapaz de caminar con calma por la calle, y sus amigos le increpan. Él se enfada, acelera el paso y se marcha solo a su casa.

El control inhibitorio implica la capacidad de controlar la atención, la conducta, los pensamientos y las emociones de forma consciente y deliberada. Carlos tiene dificultades para centrar la atención, porque ha sido incapaz de eliminar la información irrelevante, que era la sordera de Beethoven, y ha dejado de estar concentrado. También es impulsivo, no ha sabido esperar y ha interrumpido para preguntar más acerca de la sordera del compositor. Pero observamos que hay otros comportamientos de Carlos no relacionados con la escuela, que también implican falta de control inhibitorio: habla continuamente, no escucha a los demás, no respeta las normas de tráfico, no espera el cambio de color en los semáforos y no controla el enfado.

El control inhibitorio de la atención implica un control de interferencias a nivel de percepción. Dicho control nos permite prestar atención selectivamente y centrar nuestra atención en lo que elegimos, de forma que, en ese momento, suprimimos la atención hacia otros estímulos. Seguro que has ido leyendo en un viaje de avión, o has ido escuchando música en el tranvía, o simplemente revisando e interactuando en tus redes sociales mientras estás en el aeropuerto rodeado de gente y sonidos. Cuando te concentras en leer, en la canción que estás escuchando o en interactuar con tus seguidores estás desatendiendo todos los demás estímulos, los estás suprimiendo para poder prestar atención a aquello que voluntariamente has elegido. Esto es la atención ejecutiva. Pero si, de repente, oímos un ruido muy fuerte o el anuncio de nuestro avión, dejaremos de prestar atención a lo que estábamos haciendo y nos centraremos en esta atención involuntaria impulsada por el propio estímulo.

El control inhibitorio está muy relacionado con la memoria de trabajo; de hecho, la apoya, porque, como veremos, ha de eliminar la información trivial de la memoria de trabajo.

Ya te había comentado que el control inhibitorio incluye también otro aspecto muy importante, que es el autocontrol, tanto de la propia conducta como de las propias emociones.

Imagínate que estás de régimen, sales a comer fuera de casa y de postre hay un helado que sabes que no debes tomar, pero la tentación es muy grande; aquí aparece el autocontrol para no comerlo. También hay autocontrol cuando estás preparando oposiciones y renuncias a un fin de semana maravilloso con tus amistades o familia para poder seguir estudiando. O cuando no dices lo primero que te viene a la cabeza, y cuando sabes esperar.

En investigaciones longitudinales,[2, 3] se observó que los niños que a las edades de 3 a 11 años tenían mejor control inhibitorio (por ejemplo, eran mejores esperando su turno, se distraían menos fácilmente, eran más persistentes y menos impulsivos) tenían más probabilidades de seguir en la escuela cuando eran adolescentes y tenían menos probabilidades de tomar decisiones arriesgadas, de fumar o de tomar drogas. El control inhibitorio continúa madurando durante la adolescencia y decae en los adultos mayores, hasta el punto de que en el envejecimiento se da un déficit en el control inhibitorio.

El control inhibitorio (que incluye la inhibición de la respuesta y el control de la interferencia) se desarrolla rápidamente durante el periodo preescolar y, como ves, es muy importante para el desarrollo cognitivo temprano.

Memoria de trabajo

La memoria de trabajo es una función ejecutiva que implica retener información en la mente y trabajar mentalmente con ella, o, dicho de otro modo, trabajar con información que ya no está presente perceptualmente. Los dos tipos de memoria de trabajo que se distinguen por el contenido son la *memoria de trabajo verbal* y la *memoria de trabajo no verbal* (visual-espacial).

Javi es maestro. Hoy está utilizando *Story Cubes*, unos dados con dibujos para crear historias. Por equipos, tiran los dados y entre todos deben inventarse un cuento con las imágenes que han salido en la parte superior de los dados. El profesor les ha preparado un listado de conectores que los ayudará con su redacción.

La memoria de trabajo es fundamental para ver las conexiones entre las imágenes que salen en los dados y está relacionada con la creatividad. En esta propuesta didáctica también se aplica el conocimiento más conceptual, puesto que los estudiantes están trabajando con vocabulario. La memoria de trabajo es necesaria en la actividad que ha planteado Javi para dar sentido a la historia que se están inventando, así como para reordenar mentalmente los dados y reorganizarlos para crear una historia coherente. Así pues, el razonamiento que están haciendo los estudiantes para su narración no sería posible sin la memoria de trabajo.

Utilizamos la memoria de trabajo cuando recordamos de memoria el número de teléfono de nuestra madre mientras lo marcamos o cuando hacemos el gazpacho tal y como lo hacía nuestra abuela. Recordar el número de teléfono, hacer el gazpacho, cualquiera de estas dos actividades requiere retener brevemente una serie de datos y operar con ellos. En la vida diaria mejoramos la memoria de trabajo cuando hacemos lectura comprensiva o cuando memorizamos los pasos de un baile, por ejemplo.

La memoria de trabajo tiene una duración breve y una capacidad limitada, pero se diferencia de la memoria a corto plazo en que, a diferencia de esta, no solo mantiene brevemente la información en la mente, sino que, además, la manipula. Por otra parte, las dos memorias están vinculadas a diferentes subsistemas neuronales: aunque ambas se hallan en la corteza prefrontal, la memoria de trabajo depende más de la corteza prefrontal dorsolateral y la memoria a corto plazo activa la corteza prefrontal ventrolateral, y su desarrollo es anterior y más rápido.

Seguro que ahora estás pensando que en la actividad que ha propuesto Javi en el aula también es importante que los estudiantes tengan un buen control inhibitorio, que controlen la impulsividad, la atención, la conducta, los pensamientos y las emociones de forma consciente y deliberada. Y estás en lo cierto, generalmente se necesitan entre sí. La memoria de trabajo favorece el control inhibitorio, y el control inhibitorio apoya la memoria de trabajo. Recuerdo a una maestra de infantil que utilizaba un muñeco de peluche para trabajar el control inhibitorio en la asamblea, de manera que, para poder hablar y compartir una historia, los niños debían tener el peluche entre sus manos. Solo entonces podían hablar.

Pero... ¿y la atención? ¿Qué relación tiene la memoria de trabajo con la atención? Hay conexiones con la atención selectiva o la capacidad para atender a un estímulo en presencia de otros distractores; esta atención ignora lo que no es importante y solo deja pasar la información relevante. En la actividad propuesta por Javi, los estudiantes solo se tienen que fijar en las imágenes que de la parte superior del dado.

Me acuerdo ahora de cuando estaba con Carlos en mi despacho pasándole pruebas (he hablado de él en el primer capítulo del libro), porque una de las pruebas medía concretamente la memoria de trabajo. La actividad estaba formada por tres tareas: en la primera solo se medía la memoria a corto plazo y consistía en repetir una serie de dígitos, que se presentan oralmente, en el mismo orden en el que yo los decía; sin embargo, cuando tenía que repetirlos en orden inverso o cuando se le añadía otra consigna de forma que, además, de repetirlo, tenía que ordenar los números que se presentan oralmente de menor a mayor, se estaba evaluando la memoria de trabajo. ¿Captáis la diferencia? En el primer caso solo se requiere retener la información en la mente, mientras que en los otros dos se ha de manipular la información para poder responder de forma adecuada.

Flexibilidad cognitiva

La flexibilidad cognitiva se basa en las dos funciones ejecutivas que acabamos de explicar y aparece mucho más tarde en el desarrollo que ellas. Para cambiar el punto de vista, necesitamos control inhibitorio a fin de poder inhibir la perspectiva que teníamos, pero necesitamos también trabajar en la memoria de trabajo con una perspectiva nueva. Cambiar el punto de vista es flexibilidad cognitiva.

Maider utiliza provocaciones en el aula. Para cada provocación selecciona cuidadosamente los materiales que quiere utilizar; que a menudo son materiales naturales, pero otras veces se trata de materiales cotidianos. Con la provocación quiere trabajar la creatividad, despertar la curiosidad, fomentar la experimentación y la exploración.

Las provocaciones se suelen usar en educación infantil, pero a mí me gusta también emplearlas con adultos. Una provocación tiene que provocar, despertar la curiosidad y promover la creatividad. Este cambio de perspectiva rompe esquemas y es lo opuesto a la rigidez.

Para trabajar la flexibilidad cognitiva en el aula, Maider podría trabajar la fluidez de diseño con tareas de usos inusuales. Podría, por ejemplo, plantear la siguiente pregunta: «¿Qué otros usos podemos darle a este lapicero, a este vaso de plástico o a esta cuchara?». Pero también puede trabajar la fluidez verbal fonémica y la fluidez verbal categorial o semántica, haciendo un juego que yo utilizo mucho en mis formaciones: «Escribe en un minuto palabras que empiecen por una letra o escribe nombre de animales», por ejemplo.

Antes de terminar este capítulo, volvamos a *Moyenne*. *Moyenne* es un mundo VICA,[4] un mundo volátil, incierto, complejo y ambiguo, donde la novedad y el cambio son habituales, por lo que casi a diario hemos de entrenar la flexibilidad. En el aula podemos trabajar la flexibilidad haciendo debates y tertulias, poniéndonos en el lugar de otra persona y utilizando, entre otras cosas, la rutina de pensamiento «círculo de puntos de vista»,[5] que nos ayuda a explorar otras perspectivas, o, incluso, hacer diferentes papeles en una obra de teatro. ¿Y en el hogar? ¿Podemos trabajar la flexibilidad cognitiva? Por supuesto, en familia podemos viajar, conocer gente nueva, aprender cosas diferentes. Trabajar la flexibilidad cognitiva requiere salir de nuestra zona de confort.

¿Y qué nos recomienda Adele Diamond[1] para trabajar en el aula y en el hogar las funciones ejecutivas?

- En primer lugar, destaca la importancia del bienestar emocional. El estrés, la tristeza, la soledad, la falta de sueño o la falta de ejercicio físico en la vida pueden afectar nuestra capacidad para mostrar un buen funcionamiento de nuestras funciones ejecutivas.

- Podemos entrenar y mejorar las funciones ejecutivas a cualquier edad y debemos hacerlo desde enfoques diferentes con entrenamientos globales y transversales, no de forma aislada como si fuese un programa de intervención.
- La práctica repetida es clave.
- La dificultad de la tarea siempre debe aumentarse tratando de dominar lo que está más allá de tu nivel actual de competencia y comodidad. Yo, en las charlas, siempre explico que hay que trabajar en el nivel actual de competencia o en un nivel superior, generando retos y desafíos.

Las dificultades en función ejecutiva son comunes, por ejemplo, en el déficit de atención con o sin hiperactividad (TDAH), que presenta dificultades en el control inhibitorio, o en el autismo (TEA), con dificultades en la flexibilidad cognitiva, aunque también encontramos estas dificultades en otros trastornos del neurodesarrollo como la dislexia, la discalculia, la discapacidad intelectual y el trastorno del desarrollo del lenguaje. Y, asimismo, en personas que viven en entornos vulnerables o que han sufrido daños cerebrales, o en niños y niñas con apego inseguro.

Inteligencia

Inteligencia fluida

Recuerdo disfrutar mucho estudiando psicología diferencial, siempre me ha interesado romper la homogeneidad. En el libro de Antonio Andrés Pueyo[6] que utilizaba cuando estudiaba y que todavía conservo, Raymond B. Catell aparecía como uno de los autores que más contribuyó al desarrollo de la psicología diferencial. Este autor dividía la única inteligencia G en dos tipos de inteligencia: la *inteligencia fluida* (Gf), que reflejaría las capacidades básicas de razonamiento y de los procesos mentales superiores y que estaría relacionada con el crecimiento, la madurez y el deterioro de las estructuras neurales; y la *inteligencia cristalizada* (Gc), más dependiente del contexto, de las experiencias y de la formación educativa tanto formal como informal que tiene lugar a lo largo del tiempo.

La inteligencia fluida es, pues, la capacidad de razonar, de resolver problemas y de relacionar elementos. Incluye procesos como el razonamiento deductivo e inductivo, la clasificación de figuras, la cognición de relaciones, la amplitud de la memoria, así como ser capaz de descubrir las relaciones abstractas subyacentes a las analogías. Para Adele Diamond, la inteligencia fluida es sinónimo de funciones ejecutivas de orden superior.

INTELIGENCIA FLUIDA

Refleja las capacidades básicas de razonamiento y de los procesos mentales superiores.

Razonamiento   Resolución de problemas   Planificación

Teoría de la integración parietofrontal de la inteligencia (P-FIT)

Sabemos que hay relaciones entre las diferencias individuales en los resultados de las pruebas de inteligencia con variaciones en la estructura y la función cerebral.[7] Pero ¿existe una biología de la inteligencia? Existe una red que incluye la corteza prefrontal dorsolateral, el lóbulo parietal inferior y superior, la corteza cingulada anterior y regiones dentro de los lóbulos temporal y occipital, y, por supuesto, también regiones de la materia blanca, como el fascículo arqueado, que actúan como autopistas. ¿Te suenan estas regiones? Me imagino que sí, porque no es la primera vez que hablamos de ellas. Estas zonas están relacionadas con las funciones ejecutivas, la memoria de trabajo, la toma de decisiones, la memoria a largo plazo, las relaciones entre conceptos, así como el lenguaje y la mediación emocional.

Las variaciones entre unas personas y otras en inteligencia derivan de un cerebro que funciona diferencialmente con mayor plasticidad y eficacia, integrando, por lo tanto, información entre las regiones parietales y frontales con una mayor interconectividad interhemisférica.

La propiedad más sobresaliente del cerebro inteligente es la de integrar y procesar la información de forma eficiente en las regiones cerebrales que están involucradas en las funciones ejecutivas.

Lloramos cuando el tiempo se acelera,
y va pisando las cadenas del que trata de escapar.
Lloramos en los baños de una fiesta,
o escondemos tras la almohada,
lo que no quieres mostrar.

Fragmento de la canción *Volver a comenzar*, de Luz Casal

6

Pensamiento y lenguaje

Cuando estudiaba Psicología, concretamente en 5.º curso, estudié Psicología del lenguaje y allí se abordaba desde el propio concepto de *lenguaje* hasta su dimensión funcional o la producción del discurso y la conversación. No estaba entre mis asignaturas favoritas, no soy especialista en lenguaje, por lo que la visión de este capítulo va a estar más centrada en conocer el cerebro lleno de palabras[1] que en profundizar sobre el lenguaje.

Lenguaje

Hace tiempo, trabajando como orientadora, conocí a un niño de cuatro años no hablante. Antes habría dicho *no verbal*, pero mis amigas de Doble Equipo, en una entrada de Instagram,[2] explicaron muy bien la diferencia entre estos dos conceptos, así que este niño era no hablante porque, aunque no usaba el habla para comunicarse, sí que lo comprendía y sí que se comunicaba, en ese momento, con algún gesto y con su lenguaje corporal; posteriormente lo hizo con un comunicador. El lenguaje es una función cerebral compleja, es mucho más que hablar, emitir sílabas y entenderlas, no es una función cerebral de alto orden, pero requiere de esas funciones para su normal desarrollo y funcionamiento.[3]

El lenguaje es un concepto polisémico y difícil de definir, así que voy a intentar hacerlo en torno a sus tres dimensiones:[4] estructural, *cómo es*; funcional, *para qué sirve*, y comportamental, *cómo* se utiliza. En cuanto a la dimensión estructural del lenguaje, el lenguaje puede ser interpretado como un sistema de elementos, ya sean señales, signos o símbolos. En el lenguaje humano, los signos se identifican con configuraciones perceptivas de tipo acústico o visual. La dimensión funcional del lenguaje nos lleva a reflexionar sobre la finalidad del lenguaje, y aquí sabemos que la adquisición y desarrollo de un código o sistema de signos (lenguaje) va ligado a la comunicación, la interacción social, la expresión emocional, el conocimiento de la realidad, la conducta voluntaria y el pensamiento racional. Y, por último, en el lenguaje como conducta, este adopta dos modalidades básicas: la producción y la comprensión. Nos quedamos aquí, ya os he dicho que no domino el tema y no querría equivocarme.

Vayamos al cerebro. Hace poco que leí el libro de Mamen Horno, profesora de Lingüística General en la Universidad de Zaragoza, titulado *Un cerebro lleno de palabras*. Me lo regaló mi marido, que dice que, ya que apenas leo novela negra, que es mi gran pasión, pues que me va a regalar libros que hablen del cerebro, un tema que sabe que también me apasiona. En este libro, la autora aborda el tema del lenguaje desde la neurolingüística. Ella es licenciada en Filología hispánica y en Psicología, y ofrece un acercamiento diferente al lenguaje, al menos del que yo conocía, y he considerado que esta aproximación nos ayudará a entender a nuestros estudiantes de *Moyenne*.

Ya hemos hablado de las redes neurales en un capítulo anterior; vamos ahora a retomar lo aprendido. Las palabras que utilizamos para comunicarnos, para pensar, para expresarnos, para comprender... se almacenan formando redes complejas; pero, después de saber qué es el conectoma, esto no nos pilla por sorpresa, ¿no crees? De forma que los sinónimos, los antónimos, los campos semánticos... nos ayudan a hacer conexiones y a organizar las palabras en el cerebro.

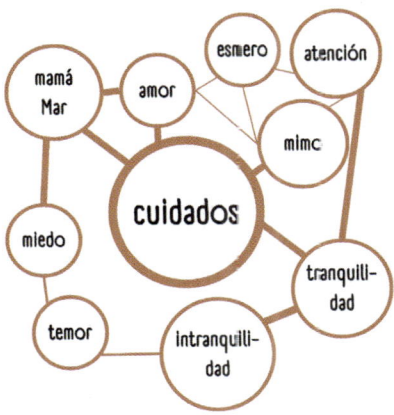

Así, si pienso en la palabra *cuidados*, la voy a relacionar con *atención*, *esmero*, *mimo*, *amor*, y eso me lleva irremediablemente a *miedo*, *temor*, *intranquilidad*, y a relacionarla también con mi *hermana* y mi *madre*, que el verano pasado precisaban todos nuestros cuidados. La palabra *cuidado* me ha llevado a ese pensamiento, al verano de 2023, cuando todavía vivían las dos, a su último verano.

A estas redes léxicas, Jean Aitchison[5] las denomina *lexicón*. El lexicón es nuestro diccionario mental, ese que se organiza por redes conectadas entre sí, tal como ya sabemos que está organizado nuestro cerebro.

Escribiendo este capítulo me viene a la memoria una amiga a la que conocí ya hace muchos años. Era argentina, pero vivía en Brasil. Era profesora universitaria e investigaba sobre los sistemas de comunicación aumentativa y alternativa (SAAC). En una ocasión en que estaba con su familia por España, viajando a una casita que tengo yo en el Pirineo aragonés, recuerdo preguntarle por el vocabulario de los comunicadores, me intrigaba cómo y quién decidía el vocabulario que se iba a incluir en los comunicadores. ¿A partir de qué una persona elige unas palabras y no otras para que otra persona se comunique? ¿No es eso muy restrictivo? ¿Por qué en *Moyenne* a muchos niños y niñas se les limita el vocabulario para comunicarse? Le hice esta misma pregunta a mi querida amiga Sol Solís, directora de La fábrica de las palabras,[6] para mí un referente en el mundo de los SAAC, y me dijo que limitar el vocabulario en los comunicadores es limitar el mundo de las personas. La ciencia destaca la importancia de un lexicón rico con el mayor número de palabras.[1] Aumentar el lexicón hará no solo que contemos con más palabras, sino también que podamos acceder a ellas con más velocidad, seamos hablantes o no hablantes.

Pero ¿dónde están las palabras? ¿Dónde las almacenamos? Al área de Broca siempre se la ha considerado como el área del habla, seguro que eso ya lo sabes, pero te voy a contar una historia[7] que te cambiará la percepción que tienes sobre este tema. El 21 de febrero de 1861, al día siguiente del fallecimiento de *Monsieur Tan-Tan*,[8] Paul Pierre Broca, uno de los grandes de la medicina francesa, dio un discurso en la Société d'Anthropologie de París basándose en los estudios del cerebro de *Monsieur Tan-Tan* que acababa de realizar. Esta sociedad fue fundada por él mismo con el anhelo de distinguir, mediante el estudio del cráneo, los cambios sobrevenidos en el hombre durante la evolución, así como los rasgos que permitieran distinguir entre sí las diferentes razas humanas. En ese momento, Broca aventuró ante la Société d'Anthropologie una aproximación sobre la localización del lenguaje y cerebro, sería en la primera de las cinco comunicaciones que hizo entre 1861 y 1865. Desde entonces se habla del área de Broca como la región específica del cerebro relacionada con el habla.

Casi 150 años después, el profesor Hugues Duffau, también francés, escribió un libro sobre el error de Broca.[9] Para este reputado neurocirujano y neurocientífico especializado en operar despiertos a pacientes con tumores en el cerebro, localizar el área relacionada con el habla en una determinada zona es localizacionismo, puesto que el cerebro está organizado en redes complejas distribuidas que sustentan funciones sensoriomotoras, visoespaciales, del lenguaje, cognitivas y emocionales. Además, Broca cometió varios errores[9, 10, 11] notables. El primero es que no describió qué conexiones profundas de la sustancia blanca estaban dañadas; de hecho, el cerebro de *Monsieur Tan-Tan* no se seccionó ni se sometió a ningún examen microscópico, Broca se limitó a delimitar la zona en la corteza frontal y a guardar el cerebro de *Monsieur Tan-Tan* en alcohol.[7] Gracias a eso, se ha podido estudiar el cerebro y ahora se sabe que la lesión de *Monsieur Tan-Tan* se extiende, además, a parte de los lóbulos parietal y temporal, y que se habían desconectado en profundidad diferentes tractos cerebrales.

Otro error era considerar que el área de Broca es la única región especializada con el habla. El profesor Duffau, a raíz de sus operaciones en estado de vigilia a pacientes con glioma. descubrió que la electroestimulación en la corteza premotora ventral izquierda induce trastornos de la producción del habla con anartria (dificultad en la articulación de la palabra) en todos los casos. Para él, esto sugiere que la corteza premotora ventral izquierda desempeña un papel crucial en la red de producción del habla.

¿Qué quiere decir esto? Pues que el área de Broca no existe tal y como la hemos aprendido, lo cual nos ayuda a entender que, por más que esta región cerebral forme parte de la red del lenguaje, tenemos que ver el cerebro con otra mirada mucho más amplia.

Teresa es profesora de Biología de secundaria. A la vez que va explicando el tema, sus estudiantes van elaborando un glosario. Ella elige y selecciona aquellas palabras frecuentes que todo el mundo debe conocer del tema y luego cada estudiante incluye otras que le resulten desconocidas o poco conocidas.

Las clasifica por temas para que ayude al cerebro a organizarlas. Luego las utiliza habitualmente en el aula de forma consciente, o bien les pregunta sobre ellas, o les hace preguntas sobre dónde deben usarlas, o lleva noticias actuales en las que se emplean estos términos.

Nuestro cerebro almacena las palabras por categorías y frecuencia de uso. Por eso, Teresa lleva a cabo esas actividades. Sabe que el lenguaje permite pensar, sentir, crear, y quiere que sus alumnos piensen y razonen sobre biología, sientan el amor por la naturaleza y sean capaces de crear soluciones a los retos del siglo XXI: fin de la pobreza, salud y bienestar, agua limpia y saneamiento, energía asequible y no contaminante...

Pensamiento

¡Esta sí que era mi asignatura favorita! ¡Sin ninguna duda! Así que, cuando en 2011 escuché a Robert Swartz en Bilbao por primera vez, me maravillaron sus destrezas del pensamiento. Pero no quiero adelantar acontecimientos, eso os lo explico luego. En la asignatura de Psicología del pensamiento, estudiábamos fundamentalmente la psicología del razonamiento. Ahora ya sabes que esto lo puedes relacionar con un concepto que ya hemos estudiado con anterioridad, la *inteligencia fluida*. Se ha definido la *inteligencia fluida* como la capacidad para razonar, resolver problemas, relacionar elementos, y ya sabes que incluye procesos como el razonamiento deductivo e inductivo, la clasificación de figuras, la cognición de relaciones, la amplitud de la memoria, además de ser capaz de descubrir las relaciones abstractas subyacentes a las analogías.[12]

Como está ocurriendo con otros muchos conceptos del libro, el pensamiento es un término con múltiples significados. Ana puede estar *pensando* la comida que va a hacer hoy y *pensar* a la vez qué verduras son necesarias para la receta. Rocío *piensa* en la solución a un problema. Luis *piensa* que aquella persona es muy radical. Tu jefe te dice: «¿Por qué no *pensaste* mejor antes de seguir con ese plan?». Tu amiga te cuenta una historia y te pregunta qué *piensas* al respecto. O

Beatriz puede estar perdida en sus *pensamientos*. Ya vemos que definir *pensamiento* es difícil y que requiere pensar, así que vamos a coger la definición que propusieron Keith Holyoak y Robert Morrison en 2005, en la introducción de su *Thinking and Reasoning: A Reader's Guide*.[13] Para estos autores, el pensamiento es la transformación sistemática de las representaciones mentales del conocimiento para describir estados reales o posibles del mundo, a menudo al servicio de metas u objetivos. Pero una definición más sencilla la hallamos en el libro *Leer en voz alta*,[14] escrito por mis queridos amigos y directores de la Cátedra de Neuroeducación, Anna Forés y David Bueno. Plantean que el pensamiento puede definirse como la capacidad de transformar la información que nos llega para organizarla en ideas, conceptos y representaciones de la realidad, proporcionando un sentido a través de la emoción; me gusta más esta definición porque incluye las emociones.

El conjunto de todos los pensamientos, sensaciones y emociones constituye la mente.[13] A su vez, la mente engloba procesos complejos como la atención, la percepción, las emociones, el razonamiento, la toma de decisiones... Estos procesos son los que nos permiten conocer nuestros propios pensamientos y adaptarnos a ellos, y ya sabes que estos procesos nacen de las interacciones entre muchas regiones diversas y distantes que actúan de forma sincronizada.

Rocío es profesora de secundaria, pero también es instructora de *mindfulness*. Todas las mañanas, cuando empieza su sesión en el aula, realiza unas técnicas formales a partir de la respiración para trabajar la atención consciente con sus estudiantes. Si algún día va con prisa o llega un poco más justa de tiempo a clase, son los propios estudiantes quienes le recuerdan que tienen que hacer esa actividad.

La consigna siempre es la misma: adoptar una postura digna, con la espalda recta pero relajada, llevar la atención al punto de anclaje, en este caso, a la respiración, mantener la atención en ese punto y, «cuando la mente divague y os deis cuenta de que os habéis desconcentrado, amablemente tenéis que llevar de nuevo la atención al punto de anclaje», les dice Rocío en un tono de voz tranquilo y sereno.

Rocío está contenta porque observa que estas técnicas funcionan y que sus alumnos, después de esta sencilla actividad, trabajan mucho mejor.

Nuestro cerebro siempre está activo. En su estado natural, nuestra mente es un vagabundo[15] que se deja llevar por los pensamientos propios, por el diálogo interno; y, cuando realiza otras actividades de forma consciente, decimos que es un peregrino. Así que nuestro cerebro va de vagabundo a peregrino continuamente. En los años noventa, Marcus Raichle[16] descubrió una red de áreas cerebrales que disminuían su actividad mientras se llevaban a cabo tareas que exigían atención, de forma que, si las personas estaban muy concentradas en la tarea, esta red se desactivaba. A esta red que se activaba en un estado de reposo del cerebro se la llamó *red natural por defecto*. A estas alturas del libro ya sabes que está relacionada con el procesamiento emocional, con la actividad mental autorreferencial, con nuestro diálogo interior y con el recuerdo de experiencias previas como hemos visto en el capítulo 4.

Rocío conoce el trabajo de Nazareth Castellanos y sabe que la propia respiración es una brújula que convierte al cerebro de vagabundo en peregrino, y que practicar la respiración aumenta las posibilidades de influir sobre el cerebro, mejorando la atención y la regulación emocional. Está al corriente, asimismo, de las recientes investigaciones sobre el estudio del *mindfulness* a través de los mecanismos cerebrales subyacentes, pero ese es otro tema. Volvamos a la psicología del pensamiento.

La psicología del pensamiento ha ido evolucionando a la vez que lo hacía la psicología como ciencia. El hecho de ser un proceso inobservable hizo que el estudio del pensamiento se viese en ocasiones relegado a un segundo plano. A mediados del siglo xx, la psicología cognitiva introdujo el estudio de los procesos mentales, lo cual supuso, por lo tanto, dar visibilidad al estudio del pensamiento y descartar el método introspectivo como única metodología posible. En aquel momento, estudiosos del pensamiento se plantearon estudiar todas las formas de razonamiento posible, entendiendo que el razonamiento es uno de los procesos cognitivos básicos por medio del cual utilizamos y aplicamos nuestro conocimiento previo, permitiendo, así, pasar de una información a otra haciendo inferencias, si bien se evidenció que no todas las inferencias eran igual de válidas.

Los estudios psicológicos sobre el pensamiento siguieron las dos ramas de la lógica: el razonamiento deductivo y razonamiento inductivo. El deductivo parte de unas premisas para llegar a una conclusión que sigue necesariamente a estas. Por ejemplo:

> Todos los músicos son muy simpáticos.
> Carlos es músico.
> Por lo tanto, Carlos es muy simpático.

Por el contrario, con el razonamiento inductivo se alcanza la conclusión que está más o menos apoyada por las premisas:

> Carlos es músico y es muy simpático.
> Luis es músico y es muy simpático.
> Jesús es músico y es muy simpático.
> Creo que los músicos son muy simpáticos.

Un argumento deductivo es válido, mientras que un argumento inductivo es más o menos probable. Los resultados experimentales sobre los estudios del razonamiento mostraron que las respuestas que ofrecían las personas no se ajustaban a las marcadas por los modelos normativos, la teoría de la lógica formal para el razonamiento deductivo y el teorema de Bayes para el inductivo. Aparecían errores de razonamiento sistemáticos o sesgos que ponían de manifiesto que los seres humanos somos un sistema con unos recursos de procesamiento limitados y que evidenciaban que las personas utilizamos heurísticos o atajos mentales del pensamiento en una gran variedad de tareas.

Las personas estamos tomando decisiones sin cesar, desde la ropa que nos vamos a poner hasta pensamientos que involucran dilemas morales. La toma de decisiones está muy condicionada por las emociones. En este libro no voy a profundizar ni sobre la toma de decisiones ni sobre los distintos razonamientos y errores, dado que esto requeriría no solo un capítulo entero, sino todo un libro. Me centraré en la metacognición o posibilidad de reflexionar sobre mis pensamientos. Pero, para cerrar este apartado, simplemente aporto una reflexión sobre la inteligencia artificial. Sabemos que el razonamiento es uno de los procesos cognitivos básicos por medio del cual utilizamos y aplicamos todo nuestro conocimiento, pero ¿será suplido por la inteligencia artificial? La inteligencia artificial nos puede ayudar, y mucho, no lo discuto, pero es importante promover la inteligencia humana en el aula por medio del desarrollo consciente de habilidades de pensamiento de alto nivel, como son la metacognición, el pensamiento creativo y el pensamiento crítico.

Metacognición, pensamiento crítico

Pertenecemos a la especie *Homo sapiens sapiens*, precisamente, porque tenemos la capacidad de pensar sobre el pensamiento y evaluar la precisión de las decisiones que tomamos, y esto nos permite emitir juicios sobre nuestras propias ideas. La metacognición también está relacionada con el aprendizaje cuando nos preguntamos sobre la estrategia que hemos utilizado, si nos ha servido o no, pero también es metacognición el hecho de volver a utilizarla de forma consciente en una situación nueva.

La metacognición tiene dos aspectos fundamentales.[17] Por una parte, la habilidad de pensar sobre lo que pensamos, aprendemos y conocemos, en cuyo caso hablamos de *metacognición cognitiva*. Por otra, la capacidad para planificar, autorregular y monitorizar la manera en la que lo hacemos, que se correspondería con la *metacognición ejecutiva*.

Desde inicios del siglo XXI numerosos autores están desarrollando su labor hacia la enseñanza de un pensamiento profundo y eficaz en las aulas y dicha enseñanza se utiliza como estrategia pedagógica. Se han diseñado técnicas para enseñar a comprender y pensar sobre los contenidos, como, por ejemplo, las llaves del pensamiento del modelo VESS,[18] las destrezas del pensamiento de Swartz, las rutinas del pensamiento del Project Zero, entre otras, y se habla de una verdadera cultura del pensamiento que tiene que impregnar todo el centro. Estas estrategias para guiar el pensamiento y enseñar a pensar deben utilizarse de forma sistemática dentro de la propia programación didáctica, en la enseñanza de los contenidos,[17] y son adecuadas para cualquier nivel. De esta forma, la transferencia de las estrategias, el pensamiento crítico, la toma de decisiones y la argumentación se entrenan en el aula por medio de rutinas, destrezas, organizadores gráficos, llaves del pensamiento, etc.

Robert Swartz decía que un pensamiento eficaz se refiere a la aplicación competente y estratégica de destrezas de pensamiento y hábitos de la mente productivos que nos permiten llevar a cabo actos meditados de pensamientos, como tomar decisiones, argumentar y otras acciones analíticas, creativas o críticas. Los individuos que son capaces de pensar con eficacia pueden emplear y, de hecho, emplean esas destrezas y hábitos por iniciativa propia, y son capaces de monitorizar su uso cuando les hace falta. El pensamiento eficaz está formado por destrezas del pensamiento, hábitos de la mente y metacognición.

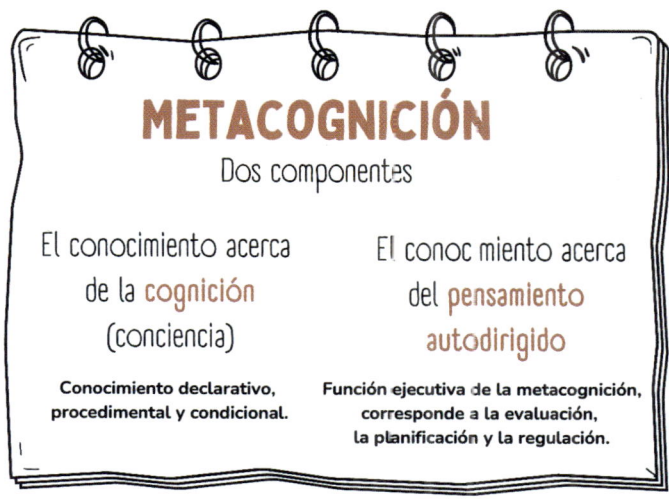

METACOGNICIÓN

Dos componentes

El conocimiento acerca de la **cognición** (conciencia)

El conocimiento acerca del **pensamiento autodirigido**

Conocimiento declarativo, procedimental y condicional.

Función ejecutiva de la metacognición, corresponde a la evaluación, la planificación y la regulación.

Natalia es profesora de infantil y aprovecha la asamblea para trabajar las habilidades del pensamiento crítico en los niños a través de los cuentos. Por medio de las historias les hace observar, adivinar, plantear hipótesis, buscar alternativas, imaginar, comparar, agrupar, poner ejemplos, explicar, dar razones... ¡Cómo le gustan los cuentos! Ahora está pensando diseñar pequeñas cajas de aprendizaje para trabajar estas habilidades.

Cuando Natalia les lee un cuento en voz alta y comparte ese rato con sus alumnos, contribuye a incrementar las sensaciones asociadas a la parentalidad positiva y genera vínculos emocionales.[14] Cuando luego aprovecha la asamblea para hablar sobre el cuento, trabaja las habilidades del pensamiento crítico. Para Lipman,[19] el pensamiento crítico presupone habilidades y actitudes que se desarrollan y estructuran en torno a cuatro categorías: *habilidades de investigación*, que informan sobre el mundo; *habilidades de conceptualización*, que organizan la información; *habilidades de razonamiento*, que amplían el conocimiento con el uso de razón, y *habilidades de comunicación*, que explicitan, aplican o formulan el resultado de un conocimiento.

Gabriela es profesora de Lengua Castellana y Literatura en un instituto. Ha preparado una situación de aprendizaje para trabajar las noticias falsas o *fake news*. Con ella quiere trabajar el pensamiento crítico y la argumentación, y ha seleccionado noticias que ha encontrado en las redes sociales.

Gabriela, con su propuesta, está combatiendo el pensamiento poco eficaz por medio del razonamiento y el pensamiento crítico. Contextualiza su propuesta con contenidos curriculares, lo cual resulta todavía más interesante. Robert Swartz insiste mucho en la necesidad de integrar el pensamiento eficaz en la enseñanza de los contenidos y a esa técnica la llamó *infusión*. Este término se ha adoptado para describir la enseñanza en el aula que fusiona la enseñanza de técnicas para un pensamiento eficaz con la enseñanza de los contenidos descritos en el currículo de forma específica.[17]

Pero trabajar así en el aula requiere ofrecer oportunidades para pensar, como han hecho Natalia y Gabriela, y dedicar tiempo a pensar. Kahneman[20] distingue dos modos de pensamiento: el *pensamiento rápido* y el *pensamiento lento*. El primero es intuitivo, emocional, rápido, y no requiere esfuerzo mental; el segundo es reflexivo y racional, exige esfuerzo, y este es el que quieren trabajar en el aula estas dos docentes de dos etapas diferentes. Para lograrlo, es necesario utilizar un lenguaje adecuado para describir el pensamiento y poder crear modelos. Por ejemplo, cuando se hacen debates en clase o cuando se juzgan o discuten ideas en el aula, se están desarrollando las habilidades de pensamiento de todos los estudiantes que allí participan. También nosotros, cuando formulamos preguntas como: «¿Qué razones crees que..., qué opinas y por qué..., en qué se basa para... o en que te basas para...?», actuamos de ejemplo y modelo y hacemos que este lenguaje forme parte de nuestra cultura del aula.

¡Cuántas cosas hemos aprendido en este capítulo, y qué interesantes todas! Ahora necesito llevarlas a *Moyenne*, es preciso trabajarlas en el aula con todos los estudiantes.

Veremos si, después, valió la pena,
sacar todo eso que duele
Y volver a comenzar, volver a comenzar.

Fragmento de la canción *Volver a comenzar*, de Luz Casal

7

Aprendizaje. Aprender a aprender

Siempre me ha gustado mucho aprender. Recuerdo que de pequeña ampliaba los libros de texto buscando información en las enciclopedias que había en casa. Mi abuelo materno fundó su propia escuela, bueno, no era exactamente una escuela, era una academia, se llamaba Academia Carmona y estaba en Madrid, en la calle Santa María de la Cabeza. Y yo, muchos años después, sueño con crear un *Espacio educativo* físico, no virtual, para todas las personas que, como yo, quieren seguir aprendiendo.

En Psicología del aprendizaje estudié los modelos teóricos y los paradigmas experimentales del condicionamiento desde los cuales se proponían pautas de intervención para el cambio conductual. También estudié modelos más cognitivos y sociales que defendían que las personas aprendemos por medio de las interacciones sociales, de la reflexión y de la metacognición, y modelos de naturaleza constructiva, en los que la reflexión consciente sobre la propia acción, ya fuera individual o socialmente mediada, constituía el núcleo del cambio cognitivo.[1] Estos modelos hablan de *competencias* y de *aprender a aprender*. Pero no estudié nada del cerebro, eso lo aprendí después.

Desde la psicología, responder al *cómo se aprende* tiene distinta respuesta dependiendo del modelo del cual se parte. Aprendemos de manera asociativa, contestarían los modelos conductistas y de procesamiento de la información; o aprendemos mediante procesos dialógicos y metacognitivos que permiten la construcción del conocimiento, contestarían desde un modelo cognitivo.

El aprendizaje es adaptación. Gracias al aprendizaje, a las necesidades de adaptarse a las condiciones de un ambiente variable, salimos de las cavernas. Stanislas Dehaene dice que nuestra especie hizo del aprendizaje su especialidad.[2] Basta con echar la vista atrás y observar que la historia de la humanidad es una reinvención constante, y vivir en un mundo VICA (*volátil, incierto, complejo* y *ambiguo*) lo corrobora.

Pero ¿cómo aprende nuestro cerebro? En los últimos años, desde que yo terminé la carrera hasta ahora, ha habido muchos avances en neurociencia que nos ayudan a responder a esta cuestión. La neurociencia cognitiva nos guiará en este capítulo.

Percepción

Para aprender, antes de nada es necesario procesar la información que extraemos de los estímulos, tanto externos como internos.

Siempre le ha gustado pasear por el bosque después de una noche de lluvia, para ella es un momento único, es su momento. Candela va caminando de forma consciente y disfruta de ello. El olor de la tierra mojada es para Candela uno de los aromas más agradables de la naturaleza, y recuerda, entonces, que el olfato es el más sensible de nuestros sentidos. Los olores retrotraen a Candela a su infancia, cuando no vivía en la ciudad, sino ahí, en sus orígenes junto al bosque. Se le encoge el corazón, una mezcla de añoranza y tristeza se apoderan de ella recordando aquel fatídico día. Observa los colores de los árboles, escucha el sonido de los animales, pero también escucha voces a lo lejos, muy lejanas que le indican que no es la única persona caminando por el bosque a esa hora, no quiere que se acerquen, no quiere hablar con nadie, nota que su corazón se acelera, quiere sentir el bosque en su ser una vez más.

Desde la vista, la piel, el oído, el olfato, Candela está percibiendo el mundo, pero también es consciente de las señales internas que produce su propio cuerpo. Existe un conocimiento empírico cada vez mayor sobre la relación entre las sensaciones corporales y la experiencia emocional. El bosque, los olores, los sonidos... llegan al tálamo, que es el encargado de procesar la información sensorial y de distribuirla al hipocampo (memoria) y a la amígdala (emoción), y que informan al hipotálamo y este, a su vez, al cuerpo. De forma que a Candela los olores le traen recuerdos que la emocionan y le encogen el corazón. Todo este proceso es subconsciente, la mente aún no se ha dado cuenta de todo ello, nos diría Nazareth Castellanos,[3] y cuando toda esta información llega a la corteza, en ese preciso instante, Candela es consciente de la belleza del bosque.

Candela no siente solo por la vista, el oído y el olfato. Siente también con el cuerpo. Aunque en la escuela estudiemos que los sentidos son cinco, en realidad son muchos más. Los sistemas sensoriales se pueden dividir en *exteroceptivos* e *interoceptivos*.

Los sentidos exteroceptivos son los que recogen la información que se encuentra en el exterior del organismo. Aquí están los cinco sentidos que estudiamos en la escuela: visión, audición, olfato, gusto y tacto.

Por su parte, los sentidos interoceptivos nos permiten percibir lo que ocurre en nuestro cuerpo «desde dentro». Son las señales internas de este y captan tanto la información visceral, que viene del corazón, los pulmones, el estómago, los intestinos, la vejiga o la piel, como la no visceral, que corresponde a la respiración, el hambre o la sed. La interocepción incluye, asimismo, la propiocepción, por la cual identificamos y respondemos a estímulos generados por el movimiento muscular o por cambios de tensión muscular, de manera que obtenemos información de lo que pasa y sentimos en el cuerpo en su vertiente «hacia fuera», como es detectar el movimiento y darnos cuenta de nuestra postura corporal.

Los cambios corporales y sus señales interoceptivas ayudan a constituir sentimientos y comportamientos emocionales.[4] Las señales interoceptivas que tiene Candela cuando se le encoje o se le acelera el corazón influyen en los procesos emocionales y motivaciones, en la toma de decisiones y en el sentido de sí misma.

Atención

Núria y Albert están hablando en la cocina de su casa. Albert le hace una pregunta a Núria sobre algo sobre lo que acaban de hablar y Núria no sabe responderle. Albert piensa que no la escucha y se va de la cocina enfadado.

Me identifico totalmente con esta escena. Mi cabeza es, en su estado natural, un torbellino de pensamientos y en muchas ocasiones es lo más parecido a un bombardeo; y, claro, esto produce interferencias en la percepción. Dicho así queda mejor que decir que estaba distraída pensando en otras cosas. ¡Cómo voy a recordar y contestar a la pregunta si no estaba prestando atención!

Intenta plantearte esta tarea: «No pienses en un oso polar» y verás que la maldita cosa te vendrá a la mente a cada minuto, escribió Fiódor Dostoievski en uno de sus viajes por Europa occidental en 1863. Casi cien años más tarde, en 1987, el psicólogo Daniel Wegner[5] demostró que era cierta. En una habitación en blanco los sujetos del experimento tenían que controlar sus pensamientos durante cinco minutos. Si no lo hacían, si no eran capaces de controlarlos, debían tocar la campana. Con este experimento, Wegner demostró que tenemos una capacidad del control de la atención bajísima.

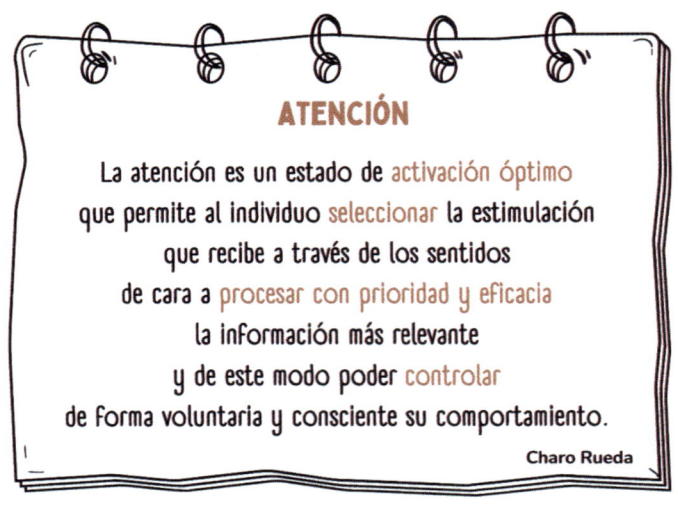

ATENCIÓN

La atención es un estado de activación óptimo
que permite al individuo seleccionar la estimulación
que recibe a través de los sentidos
de cara a procesar con prioridad y eficacia
la información más relevante
y de este modo poder controlar
de forma voluntaria y consciente su comportamiento.

Charo Rueda

La atención es un proceso por el que la mente toma posesión de forma vívida y clara[6] de pensamientos y estímulos. Pero ya hemos visto que mantener la atención no es fácil, porque, por naturaleza, nuestra mente vagabunda es viajera. Ahora me la imagino viajando en un coche. ¡Vaya!, ya me he despistado, volvamos al tema.

En su paseo por el bosque, Candela solo percibe conscientemente aquello que está en su foco de atención. Cuando ve una flor, o cuando se fija en una pequeña mariposa que revolotea a su alrededor, o incluso cuando escucha un ruido y se asusta, Candela inhibe y suprime otras señales del ambiente. Aunque el apartado referido a la atención no está entre los primeros en el libro, a estas alturas ya te habrás dado cuenta de que es indispensable para la gran mayoría de nuestras funciones.

Johann Hari dice que nos han robado la atención[7] y yo creo que es verdad. Internet, pero sobre todo las redes sociales, nos producen adicción, pero también una especie de *jet lag* mental por tener que vivir rápidamente en una sociedad de la información que muchas veces nos desborda. Los paseos conscientes de Candela por la naturaleza la ayudan a controlar la atención consciente, a poner orden en el cerebro que busca el caos. La neurociencia de la meditación estudia procesos como la atención, las emociones y la memoria. Hace poco escribimos mi hermana Rocío y yo un libro muy práctico sobre este tema.[8]

¿Y qué nos dice la neurociencia acerca de la atención? ¿Cuál es la arquitectura funcional del cerebro? Los avances en neuroimagen permiten examinar las regiones que presentan patrones sincronizados de activación en el tiempo. Se trata de regiones conectadas que trabajan conjuntamente para llevar a cabo las funciones que tienen atribuidas en el sistema.[9] Como ya sabemos, el cerebro funciona por redes interconectadas. Pero ¿cuáles son las redes cerebrales de la atención? Para Charo Rueda, profesora de la Universidad de Granada y especialista en el desarrollo neurocognitivo de la atención, diferenciar las tres funciones de la atención, *activación*, *selección* y *control*, es relevante, ya que cada una de ellas parece estar asociada con el funcionamiento de regiones algo diferenciadas, aunque coordinadas entre sí, del cerebro. En su libro *Educar la atención con cerebro* explica los aspectos temporales, anatómicos y neuroquímicos de estas redes atenciones, pero en este libro no profundizaremos en esto.

> Son las fiestas del pueblo, hace mucho tiempo que Jimena no volvía al pueblo en estas fechas. Camina sola y entre el gentío busca a su amiga. La orquesta interpreta una de las canciones del verano. Al escuchar la letra le entra un escalofrío:
>
> *No quiero hierro ni sed de venganza*
> *Quien odia muere y quien perdona avanza*
> *Le pido al cielo que pueda reírme de ser como soy.*[10]
>
> Aunque sabe que aquello ya pasó, su corazón todavía se acelera, el estómago se le encoge y le produce ganas de vomitar. De pronto, entre la música y las voces de las personas que cantan al unísono el estribillo, oye su nombre, alza la vista y ahí está Tomás, la persona que menos esperaba encontrar en este lugar, la persona que hizo que se fuese de ese lugar. Ha localizado a su amiga, sabe que le está hablando porque ve sus labios moverse, pero ella es incapaz de articular palabra, el miedo la ha paralizado, no puede atender.

Ya os había dicho que me gusta mucho la novela negra, creo que algún día tendría que escribir una. De momento no sabemos qué le pasa a Jimena, pero ella nos ayudará a entender la atención. Cuando oye su nombre y lo reconoce entre toda la algarabía, lo hace de un modo automático, pero la atención también puede ser controlada internamente por nuestras propias intenciones de forma voluntaria y con independencia de lo que suceda en el entorno. Jimena es capaz de atender a la letra de la canción, inhibiendo otros sonidos, y, cuando su amiga le habla, ella no puede atenderla, porque atender requiere un nivel óptimo de activación y ella está muy excitada después de haber oído su nombre en boca de aquella persona que le hizo daño en el pasado.

El nivel de activación está relacionado con el funcionamiento de estructuras del tronco encefálico como el *locus coeruleus,* conocido por su color azulado y por ser uno de los principales productores de norepinefrina.[11] Esta estructura está muy conectada con la corteza frontal dorsolateral y se corresponde con la red de alerta y activación.

¿Qué sucede en el cerebro de Jimena cuando busca a su amiga con la mirada entre el público? En ese momento se produce la activación de una red dorsal frontoparietal y las estructuras concretas que se activan son el lóbulo parietal superior, el surco intraparietal y los campos oculares frontales.[9] ¿Y cuando oye su nombre? En este caso la activación se produce fundamentalmente en las regiones del hemisferio derecho situadas en la zona ventral: la unión temporoparietal y el córtex frontal inferior, y es la red ventral frontoparietal. Estas dos redes de orientación atencional, la red dorsal frontoparietal y la red ventral frontoparietal, son funcionalmente independientes, pero ya sabes por todo lo que estamos viendo en este libro que funcionan de modo coordinado para producir un comportamiento atencional flexible y eficiente. Para seguir aprendiendo os hago una conexión más: la red frontoparietal que vimos en capítulos anteriores se solapa en gran medida con la red dorsal de orientación atencional asociada al control interno y voluntario de la atención.

La red de atención ejecutiva dirigida al control en función de unos objetivos concretos activa la región dorsal del giro cingulado anterior junto con otras áreas de la corteza prefrontal lateral. La red cíngulo-opencular y la red frontoparietal participan en la atención ejecutiva, aunque con funciones diferentes. La primera se encarga de mantener activo el contexto de la tarea y va reajustando los objetivos por medio de la evaluación que realice la segunda, la red frontoparietal, que está involucrada en seleccionar las respuestas en cada momento y aplicar los ajustes necesarios.[9] ¡Vaya, y ahora me acuerdo del diseño universal para el aprendizaje! Otra vez me he despistado.

Memoria

Me está resultando fascinante escribir este libro, la forma de redactarlo me permite hablar de mí, de mis vivencias, de mis recuerdos. Decía Borges[12] que somos nuestra memoria, somos ese quimérico museo de formas inconstantes, ese montón de espejos rotos. La memoria, como muchas otras funciones cerebrales que estamos abordando, está muy relacionada con la emoción, de forma que yo siento tristeza y felicidad, melancolía y alegría, conforme voy redactando mis recuerdos. Esto es para mí un ejercicio de memoria, porque la memoria solo existe cuando la recuerdas.

Preparando el otro día una caja de aprendizaje sobre los arrecifes de coral para utilizarla en una de mis formaciones, recordé que Dory, un pez cirujano azul, tenía problemas de memoria en la película *Buscando a Nemo*. En más de una ocasión he utilizado u oído la expresión «tener memoria de pez», así que busqué, por curiosidad, ya os he dicho que soy muy curiosa, si esto era cierto, y descubrí que nada más lejos de la realidad. De hecho, un grupo de científicos canadienses[13] demostraron que los peces eran capaces de formar memorias reversibles basadas en la discriminación para estímulos reforzados por alimentos que permanecen consolidadas durante al menos doce días. De modo que ya no volveré a utilizar esa expresión.

David es maestro y un apasionado del cerebro. Quiere aprender mucho este verano para poder ayudar a sus estudiantes y hoy está profundizando en el tema de la memoria. Hace calor, es la segunda ola de calor del año, pero él ahora no es consciente de ello, ya irá a la piscina por la tarde. Este soleado y caluroso mes de julio, David lo pasa leyendo libros, viendo y escuchando vídeos sobre el tema, y con esmero va anotando todo lo que aprende. Comprueba que de nuevo las emociones están implicadas, pero que es la plasticidad, la capacidad que tiene el cerebro para reorganizarse, la responsable del aprendizaje.

Quiero pensar que David está igual de fascinado que tú con este libro, puesto que con él estás aprendiendo muchas cosas sobre el cerebro. No hemos hablado todavía de neuronas, y creo que es el momento. Nuestro cerebro tiene alrededor de ochenta y seis mil millones de neuronas, las cuales se comunican entre ellas. La neurona es un tipo de célula nerviosa que recibe y envía mensajes entre el cuerpo y el encéfalo. Las neuronas están perfectamente organizadas y conectadas entre sí. Como en una gran orquesta con instrumentos diferentes, en el cerebro hay muchos tipos de neuronas con propiedades biofísicas y bioquímicas diferentes, que logran sincronizarse para ejecutar una maravillosa melodía.

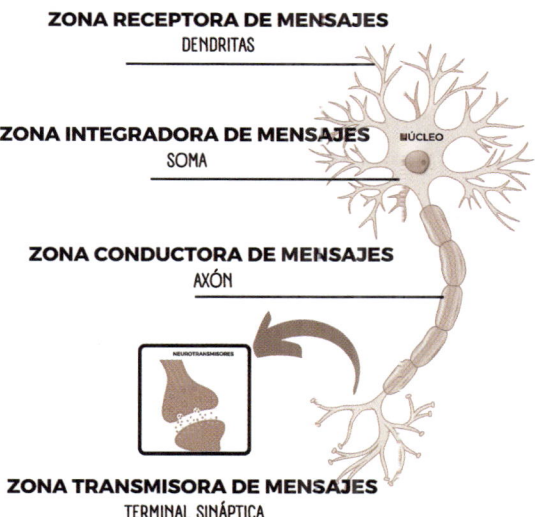

ZONA RECEPTORA DE MENSAJES
DENDRITAS

ZONA INTEGRADORA DE MENSAJES NÚCLEO
SOMA

ZONA CONDUCTORA DE MENSAJES
AXÓN

NEUROTRANSMISORES

ZONA TRANSMISORA DE MENSAJES
TERMINAL SINÁPTICA

Una neurona presenta una zona receptora de mensajes, que se corresponde con las dendritas; una zona que los integra, que es el soma neuronal; una zona conductora, el axón, y, por fin, otra zona que se encarga de codificar ese mensaje y trasladar a la siguiente neurona la información procesada, que es la zona transmisora,[14] la terminal sináptica. La sinapsis es la comunicación entre neuronas, es como un salto milagroso que se realiza gracias a la liberación de los neurotransmisores, sustancias químicas, desde el extremo terminal de una neurona (el axón) hacia el receptor de la siguiente neurona (la dendrita). Esta propiedad es increíble, pero la propiedad más extraordinaria no es que las neuronas pueda transmitir la información fielmente de una a otra, sino la capacidad de la sinapsis para modificar su respuesta, y aquí está la magia, en la plasticidad sináptica. Las conexiones entre las neuronas pueden ser excitatorias o inhibidoras, dependiendo del signo del peso sináptico asociado a la conexión.

El aprendizaje está asociado a este fenómeno; de hecho, podemos aprender porque nuestro cerebro es plástico. Ahora que estamos hablando de la memoria, la información que estoy almacenando en este momento implica modificar redes cerebrales y por eso se dice que el cerebro cambia continuamente y es dinámico. La plasticidad es, pues, la capacidad de nuestro cerebro para formar o reorganizar nuevas conexiones neurales. Ya a principios del siglo xx, Santiago Ramón y Cajal decía que las conexiones sinápticas de las neuronas no eran fijas, sino que se modificaban con el aprendizaje y que servían como componentes elementales de almacenamiento de la memoria. Y, entonces, ¿dónde está la memoria?

Laura está en su casa estudiando para el examen de mañana. Siempre ha tenido problemas de memoria, pero cuando se acuerda del curso pasado, entonces es consciente de todo lo que está mejorando. Ahora ya no se despista tanto cuando estudia ni se le olvida lo que aprende; está más contenta, porque ve que los resultados mejoran y ya no está tan bloqueada. Además, gracias a la ayuda de su familia, persiste y se esfuerza cada día.

En el instituto, su tutor le ha explicado qué estrategias tiene que utilizar para aprender mejor. Antes subrayaba los apuntes de muchos colores y luego los memorizaba; ahora utiliza la elaboración, de forma que, para entender lo que estudia, se hace a sí misma muchas preguntas sobre cómo y por qué funcionan las cosas y busca las respuestas. Trata también de establecer conexiones, utiliza ejemplos para entender las ideas más abstractas y complejas, y busca similitudes y diferencias. Asimismo, intenta hacer transferencias entre la teoría que aprende en clase y su realidad cotidiana.

Cuando ya ha terminado, se esfuerza en recordar, sin consultar ni los apuntes ni el libro, lo que ha aprendido; entonces escribe o explica todo lo que recuerda del tema.

Este proceso de recuperación de la información antes lo hacía cerrando el libro y recitando lo que había leído en voz alta, mientras que ahora se vale de distintas técnicas que ha aprendido con su profesor, como contestar preguntas que previamente se han inventado en clase o que se inventa ella misma. Pero, sin duda, lo que más le gusta es recordar la información que acaba de aprender mediante hexágonos,[15] en los cuales anota las palabras clave. Al agrupar los hexágonos, tiene que explicar qué conexión o conexiones, relación o relación hay entre esos conceptos.

Laura está contenta con su trabajo y su esfuerzo. Sus resultados académicos han mejorado mucho.

El aprendizaje es un proceso que exige esfuerzo y que está estrechamente ligado a la memoria. Laura le pone empeño y está muy satisfecha con los logros que está obteniendo.

Los problemas que tenía Laura son para Schacter[16] *pecados de la memoria*. Concretamente, Laura tiene tres pecados de omisión, que corresponden a diferentes tipos de olvido: se le olvidaba lo que había aprendido cuando había transcurrido un tiempo, se distraía y, a veces, cuando quería contestar, se bloqueaba.

Seguramente, te has dado cuenda de que, cuando hablo de Laura y de su memoria, me estoy refiriendo a la memoria a largo plazo: un sistema cerebral que permite almacenar información durante un tiempo indefinido, y que depende de la solidez con la que hemos aprendido algo. Sabemos que no es la única memoria, porque en el capítulo de las funciones ejecutivas hablamos de la memoria de trabajo. Pero hay otros tipos de memoria, que, aunque sea de forma rápida, voy a intentar describir para que se asimile mejor la complejidad de esta función cerebral.

Podemos relacionar las memorias con los aprendizajes del *cómo* y del *qué*. El *cómo* es la memoria *implícita, procedimental*, que se genera de forma inconsciente. Esta memoria no se expresa a través de palabras, sino de procedimientos y acciones, como, por ejemplo, montar en bici, patinar, conducir..., y nos permite ejercitar hábitos cognitivos y motores. Es resistente al paso del tiempo y se deteriora menos con la edad. En este tipo de memoria están involucradas las estructuras subcorticales del sistema límbico que ya hemos aprendido. El *qué* es la memoria *explícita* y *declarativa*, que se refiere a la información que se registra y se recuerda de forma consciente. Recibe el nombre de *memoria declarativa* porque se puede declarar verbalmente o por escrito. Esta memoria codifica dos tipos de información: hechos, que se corresponde con la *memoria semántica*, y eventos, que se relacionan con la *memoria episódica*. La memoria semántica precisa de un aprendizaje consciente, almacena conceptos e información, y requiere más esfuerzo y repeticiones. Por el contrario, la memoria episódica es autobiográfica y se va construyendo con nuestra experiencia. Esta memoria nos proporciona identidad, adaptabilidad y consciencia. La memoria episódica se divide, a su vez, en *memoria prospectiva*, cuando recordamos acciones futuras, o *memoria retrospectiva*, cuando recordamos eventos del pasado. Estas dos memorias influyen en cómo nos vemos a nosotros mismos y cómo nos proyectamos hacia el futuro.

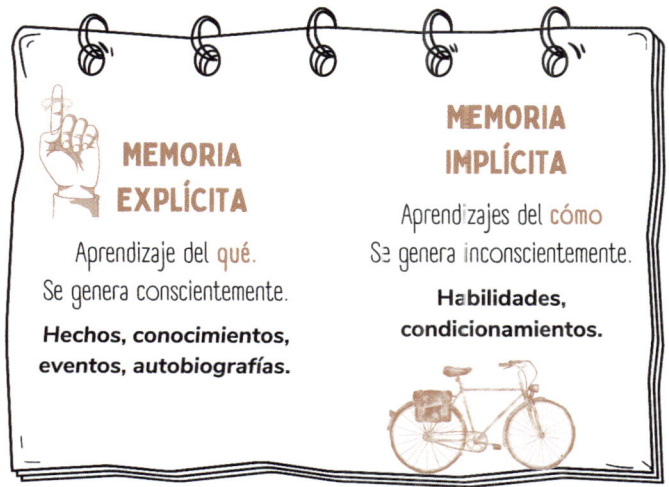

MEMORIA EXPLÍCITA

Aprendizaje del qué.
Se genera conscientemente.

Hechos, conocimientos, eventos, autobiografías.

MEMORIA IMPLÍCITA

Aprendizajes del cómo
Se genera inconscientemente.

Habilidades, condicionamientos.

La memoria juega un papel crucial en el relato de nuestra propia narrativa. ¿Cómo será la narrativa de nuestros estudiantes de *Moyenne*? ¿Cómo se ven y cómo proyectan su futuro?

Y si gana la derrota habrá que volver a empezar.
Apostar aún más alto y comenzar a pelear.
Sé que el vértigo se irá, pero sólo si te atreves a saltar.
Saltar una vez más.

Fragmento de la canción *Volver a comenzar*, Luz Casal

8

¿Puede lo neuro cambiar *Moyenne*?

Después de todo lo aprendido en este libro y con todos los conocimientos que tenemos ahora sobre el cerebro, ha llegado el momento de hablar de neuropedagogía. Vamos a profundizar en *cómo*, *por qué* y *para qué educar*. No analizaré estrategias para conseguirlo, aspecto que sería propio de la neurodidáctica, porque ya lo hace el libro *Diseñar hasta los límites*,[1] que escribí el año pasado. Aquí entraremos en el propio concepto.

No quise estudiar Pedagogía de forma consciente y elegí Psicología porque me gustaba la mente, pero ahora me doy cuenta de que, trabajando en educación, tan importante es aprender como enseñar. Cada vez soy más consciente de que las personas que nos dedicamos a la docencia hemos de *poner el cuerpo* y debemos *entregarnos en cuerpo y alma* a ello si es que queremos garantizar el pleno desarrollo de la personalidad y de las capacidades de todo el alumnado. En *Moyenne* es preciso educar en valores de respeto, de equidad, de tolerancia, de libertad... Utilizo estas expresiones de forma premeditada, puesto que quiero recordar que los humanos somos cuerpo y cerebro, y, si quiero humanizar *Moyenne*, con tu ayuda, por supuesto, tengo que crear una conexión entre el cerebro y el cuerpo.

Perfiles neuroevolutivos

En el máster me gusta hacer reflexionar a mis estudiantes sobre la idea del diagnóstico clínico. Durante su estancia en *Moyenne*, tienen que hacer un viaje y salir de la ciudad. Deben visitar el lugar donde habitan los nadies, los ningunos y ninguneados, las personas con diagnóstico o sin él que se salen de la norma y no pueden vivir en la ciudad. Una vez que ya han seleccionado el lugar, es necesario que busquen información sobre los habitantes que allí viven y habitan. Para que todo esté perfecto, organizo todo lo necesario en *L'Abbaye de la Sagesse*,[2] unas instalaciones acogedoras que harán más apacible su estancia. *L'Abbaye de la Sagesse* dispone de una espaciosa y magnífica biblioteca en la cual encontrarán toda la información que precisan para conocer las características, la prevalencia, el diagnóstico diferencial y la comorbilidad de estos habitantes.

Y, puesto que estamos en un máster de neuroeducación avanzada, no nos vamos a olvidar de la intervención educativa. Constanza Orbáiz,[3] en su maravillosa charla TED sobre «Discapacidad, poder distinto», nos hace reflexionar al respecto:

> Pareciera que a veces se repiten fórmulas, todas iguales, para casos que ya son distintos. Por ejemplo, «Parálisis Cerebral: fortalecer el tronco, estimular la marcha, poner férulas, hacer cirugías, una pizca de sal y una de pimienta».

Y eso es sobre lo que quiero que reflexionen mis alumnos del máster y sobre lo que quiero que reflexiones tú, mi querida lectora, mi querido lector, que has llegado hasta aquí, espero que feliz por todo lo aprendido. No existen recetas ni fórmulas mágicas e iguales para la inclusión. Un diagnóstico no determina la intervención, se tiene que conocer a la persona. Los docentes debemos conocer a nuestros estudiantes, conocer sus fortalezas, cuáles son los retos y desafíos a los que se enfrentan diariamente, cuáles son sus sueños y sus aspiraciones. Pero también hemos de conocer estrategias para el aula. Estrategias que nos permitan abrir nuevas posibilidades, retos y desafíos para todo el alumnado. Esta es la única forma de romper con el mito del estudiante promedio que existe en *Moyenne*, que, a modo de hechizo, nos tiene obnubilados.

Un diagnóstico no es ni bueno ni malo, pero sí que son perniciosas las palabras que utilizamos para escribir las narrativas de los habitantes de *Moyenne* que no pueden vivir en la ciudad. Decía Sigman[4] que la gran virtud de las palabras es que otorgan a la historia un impulso propio; ya he insistido sobre este aspecto en otros capítulos, al hablar de la importancia del cuidar las palabras, para que ellas te cuiden a ti. Llegados a este punto, yo te pregunto: ¿cómo quieres impulsar la vida de tus alumnos que viven a las afueras de la ciudad? El mundo de la discapacidad está plagado de frases asesinas, el propio diagnóstico daña. Si nos fijamos en cómo se nombran los diagnósticos, observamos que muchos de ellos comienzan con la palabra *trastorno*. Si buscamos esta palabra en el diccionario, nos aparecen sinónimos como *desorden, confusión, alteración, irregularidad, dificultad.* La propia palabra se define como una perturbación de las funciones psíquicas y del comportamiento. Si seguimos buscando, vemos que las palabras *trastorno* y *enfermedad* aparecen a menudo de forma conjunta. Trastorno y enfermedad solo difieren en el concepto *tiempo*, de forma que la diferencia es que el trastorno se prolonga en el tiempo. ¿Es la palabra *trastorno* una palabra asesina? Yo creo que sí. Desde una mirada más respetuosa y dentro de la ética del lenguaje, podríamos, por ejemplo, hablar de déficit de atención con o sin hiperactividad, en lugar de trastorno por déficit de atención con o sin hiperactividad. Recordemos que las palabras nos ayudan a ser quienes somos y también a ser quienes queremos ser.

Ya he hablado de mi rol como orientadora, como juez y parte de algo que consideraba injusto, así que en el máster les hablo a mis estudiantes de los perfiles neuroevolutivos[5] de Mel Levine, que están organizados en ocho sistemas. Conocer el cerebro de las personas, conocer cómo pensamos, cómo aprendemos, cómo percibimos, cómo sentimos... nos ayuda en nuestra labor. Siempre he echado de menos en mis formaciones como orientadora esa mirada neuro que me permitiese hablar de *neurodiversidad* y *neurodivergencia*, y no de *síndromes* o de *trastornos*, o de «atender a los diversos». Esa mirada con la cual pudiera comprender que, puesto que nuestros cerebros son únicos, cada persona también es única y todos somos seres humanos únicos. Esa mirada que hiciera posible personalizar la educación, igual que hay que personalizar los tratamientos contra el cáncer, o las operaciones de tumores, como hace el equipo de Hugues Duffau. Esa mirada que me llevase a entender que conocer el cerebro me hace pequeña, insignificante y frágil, y que me demuestra cada día que solo sé que no sé nada y que debo seguir aprendiendo. Esa mirada que me invita a hacer una intervención basada en el cultivo y el cuidado del cerebro. Esa mirada que me invita a revisar mi lenguaje y mis prácticas. Pero, sobre todo, esa mirada que me ayuda a romper el hechizo de *Moyenne*.

No pretendo profundizar aquí sobre estos sistemas,[5] porque no es el objetivo de este libro. Para conocerlos bien, tendría que escribir un libro dedicado exclusivamente a la *neuro-orientación* y explicarlos allí, pero sí que los nombraré y los relacionaré con lo que ya hemos aprendido. El primer sistema es el *control de la atención*. Sin atención no hay aprendizaje, hemos visto que es la puerta de entrada para el aprendizaje. El segundo sistema es el *sistema de la memoria*; ya hemos hablado de los distintos tipos de memoria, pero también de la *plasticidad*, y quédate con este término, porque es fundamental. El tercer sistema está relacionado con el mundo de las palabras, con el *sistema lingüístico*. El cuarto sistema está relacionado con la *ordenación espacial*; el objetivo de este sistema es permitir organizar la información espacial, por ejemplo, encajar figuras, ordenar la mochila o pensar con imágenes. El quinto sistema está relacionado con la *ordenación secuencial* y es coherente con las cadenas de información que salen y entran de nuestra mente. El sexto sistema es el *sistema motor*, ¡qué importante este sistema! El séptimo está relacionado con el *pensamiento de orden superior* y, por lo tanto, con todo lo que hemos visto en el capítulo de las funciones ejecutivas y la inteligencia. Y, por último, el octavo sistema es el *sistema del pensamiento social*, que estaría relacionado con la cognición social, un tema que se queda para otro libro.

Les subrayo a mis alumnos lo importante que es trabajar sobre estos perfiles neuroevolutivos, no sobre diagnósticos clínicos. Los primeros son dinámicos, como el cerebro, mientras que los segundos son estáticos y desviados de la media. Es necesario, asimismo, trazar perfiles de aprendizaje que pongan el foco en la persona y en la comprensión profunda de sus fortalezas, necesidades, motivaciones, progresos y metas individuales como paso previo para personalizar la enseñanza y el aprendizaje.[1]

Y me imagino, entonces, un ecualizador dinámico que permita ajustar y balancear los perfiles para garantizar una educación inclusiva y equitativa de calidad para todo el alumnado. La palabra *dinámico* es el cuid de la cuestión, porque no olvides nunca que una persona no se reduce a este perfil. La persona interactúa con el entorno, somos seres sociales. Y el propio entorno en el que nos desenvolvemos contribuye a nuestro desarrollo personal.

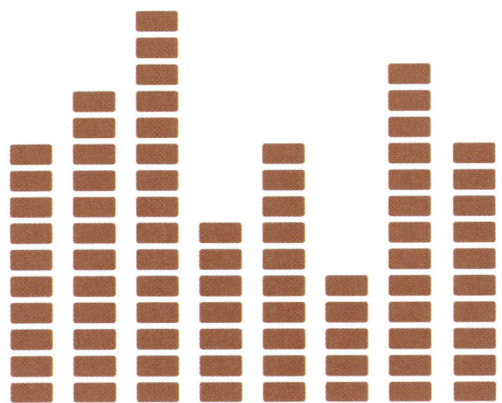

¿Puede el espacio participar en el ajuste y balanceo de estos perfiles? La neuroarquitectura estudia precisamente esto, el diseño de espacios que posibiliten adaptar y contrapesar las necesidades fisiológicas, cognitivas y socioemocionales.[6] El espacio de las escuelas de *Moyenne* no está pensado para mejorar la vida de las personas que allí conviven. En *Moyenne* es usual encontrar escuelas con temperaturas elevadas en verano o frías en invierno, con materiales resistentes donde no prima la estética, con ventanas que no cierran bien y por las que se cuela el polvo, el frío y el calor, con escasa luz natural o luces fluorescentes que parpadean o que deslumbran, y que hacen difícil ver la pizarra, sea interactiva o no. El estudio del cerebro aporta a la arquitectura un diseño más ético, cuidadoso y respetuoso; se puede hablar, pues, y eso es lo que haremos a continuación, de *neuroarquitectura* o *neurodiseño*.

Neuroarquitectura

Y, de nuevo, la ética, ¡cuántas veces ha aparecido a lo largo del libro! Ni las he contado, pero seguro que bastantes. En una escuela que cuida y busca vínculos sanos a través de un apego seguro, los espacios también tienen que hacerlo. La tarea ética de la arquitectura es velar por la salud emocional de sus habitantes.[6] La investigación ha puesto de manifiesto los efectos psicológicos del ambiente sobre las personas en condiciones de hacinamiento, ruido, temperatura inadecuada, falta de contacto con la naturaleza o iluminación deficiente.[7]

Al entrar en las escuelas, desde el momento en que nos quitamos el abrigo, nos despojamos de nuestro personaje público, «el de la calle», y adaptamos nuestro comportamiento a los espacios interiores,[8] en este caso a la escuela. Hace años que Loris Malaguzzi afirmó que el espacio es el *tercer maestro*, que «el espacio educa»; sin embargo, nuestras escuelas, estén en la localidad que estén, son réplicas unas de otras. Clases con pupitres individuales, alineados o agrupados, con sillas incómodas y todas iguales, con algunas estanterías en las paredes que ocupan espacio, y con muchas perchas para colgar los abrigos. Así son las escuelas de *Moyenne*; pero ¿cómo tendrían que ser?

Me inspiro en los maravillosos libros de Ana Mombiedro,[6] de Prakash Nair,[8] de Siro López[9] y de Beatriz Trueba[10] para ir diseñando bosquejos humanistas de estas casas de aprendizaje.[11]

Nuestras escuelas tienen que ser escuelas accesibles tanto cognitiva como emocional y físicamente. Para que la escuela sea comprendida por todos, lo que llamamos una *accesibilidad cognitiva*, se ha de cuidar el *wayfinding*,[12] es decir, la señalización del espacio que permite, justamente, la accesibilidad cognitiva. En la guía *Accesibilidad cognitiva en los centros educativos*[13] podemos encontrar algunas ideas en torno a este tema para la escuela. Es preciso utilizar puntos de referencia para proporcionar señales de orientación. Señalar la escuela con rutas bien estructuradas con colores y pictogramas. Avisar también de otros espacios comunes, como, por ejemplo, los aseos, la biblioteca, el comedor, el aula de música, especificando para qué sirven dichos lugares, qué podemos hacer en ellos y cuáles son sus normas de utilización. Elaborar un directorio del centro, mapa o plano que ayude a la localización de todas las estancias. Analizar la accesibilidad del patio de recreo, los materiales que se emplean, cómo se identifica al profesorado que cuida el patio, cómo se señala la finalización del tiempo de recreo, cómo se organiza la entrada al aula... Además de todo esto, es importante crear una identidad propia para cada lugar, distinto de todo lo demás.

La decoración es fundamental. Se puede decorar la entrada u otras áreas comunes con vegetación natural e introducir elementos distintivos para imprimir a la escuela su propia identidad;[8] esto hace que la escuela sea especial y diferente. Los elementos distintivos deben ser memorables y emblemáticos, y estar relacionados con algún aspecto de la escuela. En *Moyenne* necesitamos *espacios para* ser,[9] recuerda lo que has aprendido sobre la alteridad; *espacios para crear*, también hemos destacado el papel de la creatividad en las funciones ejecutivas; espacios apasionantes y *espacios para sentir* plenamente que formas parte de ese ecosistema educativo. Al entrar en las escuelas, es indispensable dar la bienvenida visibilizando la hospitalidad, es una forma de entrar con buen pie todos los días en la escuela y de promover la acogida y el sentido de pertenencia.

La cuestión del ruido afecta mucho al aprendizaje. Por ello, es recomendable insonorizar las aulas y otros espacios como la biblioteca, el aula de música, el gimnasio o el comedor. Los ruidos y la contaminación sonora acústica generan malestar. ¿Cuáles son los sonidos de tu escuela? Escúchalos, haz un mapa sonoro de tu escuela.

Hemos hablado de los sentidos, y no podemos olvidarnos de su desarrollo en el aula. En las escuelas se puede diseñar un aula multisensorial, ubicando cuadros de estimulación en diferentes lugares de la escuela, o un atelier de costura, o un estudio fotográfico, o espacios de experimentación y aprendizaje sensorial en el patio de recreo, como paredes musicales o jardines olfativos. No son solo los ojos, todo nuestro cuerpo ve; no son solo nuestros oídos, también los poros de la piel escuchan la música; no es solo la nariz, todo nuestro cuerpo husmea.[9] Nuestro cuerpo, como ya hemos visto a lo largo del libro, piensa, siente y ama. El cuerpo influye en el cerebro.

Seguimos con los sentidos, ¿conoces su impacto en el aprendizaje? En las escuelas es necesario diferenciar espacios según sus atmósferas olfativas, cuidando la ventilación y los olores, y priorizando la luz natural y las plantas. La luz es bienestar, y determinadas luces fluorescentes pueden generar malestar. Los colores influyen en las emociones y las sensaciones. ¿Qué colores tienen las aulas? Es preciso, asimismo, cuidar la temperatura, los materiales, la distribución, la organización del espacio coherentemente, la organización ambiental..., pero, todavía más, cuidar a la persona, a todas y cada una de las personas que habitan *Moyenne*.

La escuela de Ane era una escuela como tantas otras; una escuela con sus tiempos homogéneos, con sus materias compartimentadas, con sus pupitres verdes, con sus luces fluorescentes, con sus sillas incómodas, con sus paredes de colores fuertes y con tantos carteles pegados que apenas se veían las paredes.

El alumnado de la escuela de Ane era como el alumnado de tantas otras escuelas, diverso. Y también lo era el profesorado del claustro; y las familias. Pero Ane tenía un sueño, ¡no solo Ane, por supuesto!, porque el sueño era compartido. En la escuela de Ane querían que todos los estudiantes, los docentes, las familias... se sintieran como en su casa, así que empezaron a transformar su escuela para lograrlo. Comenzaron cambiando los espacios. «¡Con el buen gusto de Ane seguro que estos espacios serán maravillosos!», decían todas las personas que la conocían, Pero también empezaron a trabajar el tema de los cuidados, de los vínculos seguros por medio de la convivencia positiva, del respeto, de la autonomía. Y empezaron a construir su casa de aprendizaje donde antes había una escuela como tantas otras. Y surgió la vida, mucha vida.

Y a esta escuela, ejemplo de neuroarquitectura, llegó Ainhoa, que acababa de aprobar las oposiciones, y Javi, que con los *story cubes* trabajaba la memoria. Y también llegó Maider, que trabajaba la flexibilidad; y Natalia, la profe de infantil que trabajaba el control inhibitorio; y David, el profe apasionado del cerebro. Y entre todos demostraron que la neuropedagogía no es solo una palabra bonita, sino la hoja de ruta para trabajar la neurodiversidad del aula.

Neuropedagogía

David llegó a la escuela y les habló con pasión del cerebro. Su preocupación por aprender cómo funciona el cerebro para revisar *cómo*, *para qué* y *por qué educar* es neuropedagogía. Pero la neuropedagogía también implica un compromiso ético de responsabilidad, porque, por mucho que conozcamos el cerebro, si seguimos mostrándonos indiferentes a sus diferencias, nuestras escuelas jamás llegarán a ser casas de aprendizaje. Debemos recordar que un ser humano único no encaja en la escuela rígida con aulas de talla única. Y que, a fin de garantizar la inclusión, la equidad y la calidad, es imprescindible personalizar el aprendizaje y diseñar hasta los límites con un diseño universal.

Se acaba el viaje. Con este libro hemos viajado a *Moyenne*, pero también a lugares recónditos del cerebro. Hemos ido parando y profundizando en algunos temas, y otros los hemos apuntado en nuestro cuaderno de viaje para retomarlos en otro momento. Todas las paradas nos van a ayudar a trabajar en el aula inclusiva para garantizar la inclusión, la equidad y la calidad. Y esta mirada neuro, ética y pedagógica, es la neuropedagogía.

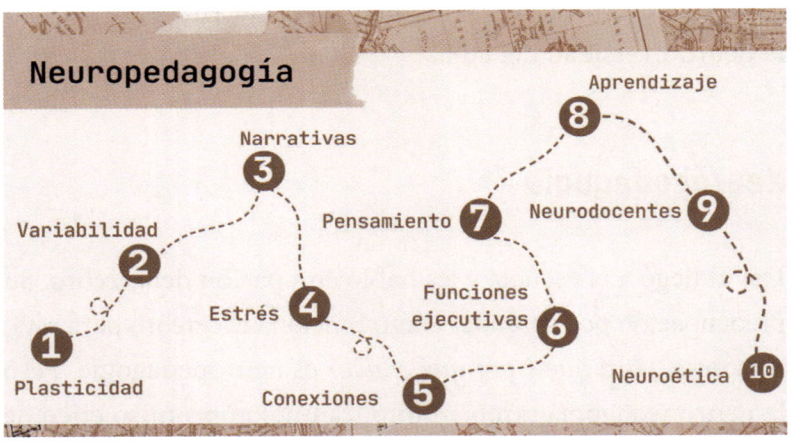

Para una mejor comprensión de este concepto, haremos diez paradas. Cada parada está relacionada con contenidos que ya hemos aprendido en el libro, y cada parada es neuropedagogía. Confío en que este recorrido, a modo de síntesis, te resulte útil no solo para entender cómo el funcionamiento del cerebro nos puede ayudar a revisar nuestras prácticas docentes, sino también para asimilar la necesidad de transformar la educación con vistas a garantizar una educación inclusiva y equitativa de calidad.

1. *Primera parada: Plasticidad*

   La plasticidad es la gran protagonista de este viaje y gracias a ella vamos realizando aprendizajes de forma constante que nos permiten comprender la neurodiversidad en la escuela inclusiva. En este viaje hemos aprendido que la neuroplasticidad rompe con los techos de cristal, puesto que todos podemos aprender, y que la única opción es efectuar ajustes y reajustes continuos. Sabemos también que, para garantizar el aprendizaje, necesitamos práctica deliberada, así como conexiones neuronales entre nuestros conocimientos previos y lo que aprendemos nuevo. El aprendizaje es práctica repetida para reforzar las conexiones, para recablearlas y para reconectarlas.

2. *Segunda parada: Variabilidad*

   Nuestros cerebros son únicos, tanto que incluso se habla de una huella dactilar cerebral que nos diferencia. De nuevo la filosofía de la educación inclusiva, y una pregunta queda en el aire: ¿por qué seguimos estancados, entonces, en las clases de talla única? La neuropedagogía tiene que llevar al aula la personalización del aprendizaje y el respeto a la propia identidad.

3. *Tercera parada: Narrativas*

   Nos comunicamos con palabras, y con ellas creamos historias y tejemos la nuestra. La neuropedagogía ha de cuidar el lenguaje, pues es conocedora del poder que las palabras ejercen en el cerebro. Una palabra puede hacer que tu cerebro se estrese o se serene. La neuropedagogía también estará presente en los informes que escribamos y en las conversaciones diarias que tengamos sobre educación.

4. *Cuarta parada: Estrés*

   La neuropedagogía debe evitar las situaciones y los momentos estresantes en el aula, y, como docentes comprometidos con una enseñanza neuro, hemos de conocer cuáles son. Hemos visto a lo largo de nuestro viaje que el exceso de cortisol en la infancia tiene efectos muy negativos en la memoria y en otras funciones cognitivas. Es crucial trabajar el bienestar emocional en el aula, creando un clima acogedor y seguro para todos los alumnos.

5. *Quinta parada: Conexiones*

   En el cerebro todo está conectado, los avances en el conectoma hablan de *redes* y *metarredes*. La neuropedagogía ha de promover la elaboración de contenidos que estimulen el pensamiento crítico y creativo; la transferencia entre conocimientos, incidiendo en sus conexiones y relaciones; el trabajo interdisciplinar, global y transversal frente a contenidos estancos de materias o áreas aisladas.

6. *Sexta parada: Funciones ejecutivas*
La neuropedagogía sabe que hay que trabajar las funciones ejecutivas en el aula de un modo transversal, como lo hacían Javi o Maider, no de forma aislada, como si fuesen programas de intervención.

7. *Séptima parada: Pensamiento*
Pertenecemos a la especie *Homo sapiens sapiens* por nuestra capacidad para pensar sobre el pensamiento. La neuropedagogía tiene que estar relacionada con la cultura del pensamiento que trabaja la enseñanza del pensamiento como una estrategia pedagógica, diseñando tareas a tal fin. Promoviendo un pensamiento lógico, crítico, creativo, acerca de lo que sentimos, aprendemos, memorizamos, creamos o desarrollamos. Para ello, es preciso ofrecer en todo momento tiempo y oportunidades para pensar, utilizando un lenguaje adecuado para ello.

8. *Octava parada: Aprendizaje*
Está muy relacionado con la plasticidad, y es que la neuropedagogía introduce el cuerpo en la educación; su movimiento y su percepción son motivo de estudio en la actualidad. Es consciente de su influencia en los procesos emocionales y motivacionales, y destaca el peso de la educación y la actividad física. Trabaja la atención desde sus

tres funciones: activación, selección y control, y desarrolla técnicas de estudio basadas en el conocimiento del cerebro.

9. *Novena parada: Neurodocentes*

Sin docentes como David, enamorados de los estudios del cerebro y la pedagogía, y conocedores de la relevancia del cerebro en la vida de sus estudiantes, sería imposible hablar de neuropedagogía. Me acuerdo ahora de la canción de Amaral *Sin ti no soy nada*. La neuropedagogía va de la mano de neurodocentes que crean vínculos de apego seguros en el aula, que saben que las emociones modulan el aprendizaje, que diseñan entornos seguros y amables para sus estudiantes, que reconocen la fragilidad y la vulnera-bilidad de todo su alumnado, que los acompaña, los ayuda y los escucha. Francisco Mora habla del neuroeducador como una nueva profesión.[14]

10. *Décima parada: Neuroética*

Sin un compromiso ético, no es posible promover la neu-ropedagogía. La neuroética nos invita a reflexionar sobre cómo queremos abordar la inclusión y sobre cómo funciona el cerebro de las personas, para luego poder definir qué significa *neurodiversidad en la escuela inclusiva*. Uno de los peligros que yo veo en la neurociencia es que el localizacio-nismo nos haga pensar que todos los cerebros son iguales, y alejados de la persona. Con esta mirada científica alejada del humanismo, solo los cerebros neurodivergentes se alejarían de la media, y entonces seguiríamos hablando de *cerebros neurotípicos*. Y, una vez más, la pregunta: ¿dónde está la persona?

Confío en que este viaje te haga reflexionar sobre si es necesario *Volver a comenzar*. Gracias por acompañarme.

Cuántas veces has pensado,
que no te quedaban fuerzas ya ni para respirar.
Cuántas veces has pensado,
que se te apagó la estrella,
que no puedes brillar más.

Fragmento de la canción *Volver a comenzar*, de Luz Casal

Epílogo

Cada libro contiene un mundo, y este libro contiene mi mundo, *Moyenne*. Lo hemos visitado y hemos aprendido muchas cosas sobre él, pero ahora hemos llegado al final del periplo. Un viaje seguro en el que yo te iba acompañando y explicando muchos términos nuevos a modo de guía turística. Un viaje optimista que habla de un cambio posible por medio de la neuropedagogía. Un viaje con una banda sonora que te invita a volver a empezar, a saltar, a pelear. Un viaje que espero que perdure en el tiempo, en tu memoria, y que te haya enriquecido.

Este es un viaje con fotos de color sepia, cálidas, reconfortantes, que te facilitan la comprensión y que formarán parte de nuestro álbum. Ahora te toca seguir el viaje sin mi compañía, aunque ya sabes que siempre que abras de nuevo el libro estaré de nuevo a tu lado para reírnos, saltar una vez más y volver a empezar todas las veces que haga falta.

Y si gana la derrota habrá que volver a empezar,
apostar aún más alto y comenzar a pelear.
Sé que el vértigo se irá, pero sólo si te atreves a saltar.
Y si gana la derrota habrá que volver a empezar,
apostar aún más alto y comenzar a pelear.
Sé que el vértigo se irá, pero sólo si te atreves a saltar.
Saltar una vez más.

Fragmento de la canción *Volver a comenzar*, de Luz Casal

Agradecimientos

A Javier, mi compañero de vida, mi mánager del universo, mi amor. Gracias por creer en mí, hacerme reír y ayudarme a volar.

A mis hijas, dos maravillosas mujeres a las que quiero con locura. Gracias por ser mis niñas, la bonita y la preciosa.

A mis padres y a mis hermanas, con quienes comparto historia, genes, ilusiones y mucho mucho amor. Gracias por acompañarme en el camino siempre. Gracias, Rocío, por soñar conmigo, junto a ti el viaje es más fácil.

A mi querida Anna, la persona que confió en mí para escribir mi primer libro con la editorial Octaedro.

Gracias, David y Anna, por invitarme a formar parte del Máster de Neuroeducación Avanzada y de la cátedra.

A Carme, gracias por viajar conmigo a *Moyenne* todos los años, gracias por tu apoyo y tu sonrisa permanentes.

A Juan, el editor de mis libros, una persona entrañable que siempre ha confiado en mí. Mil gracias por hacer realidad este sueño de escribir.

Y gracias a todas las personas que acabáis de leer este libro, que durante este tiempo habéis visitado mi mundo y que queréis romper con el hechizo de *Moyenne*.

Gracias por volver a empezar.

Notas

Introducción

1. Nogueira, G. J. (2022). *La era del neuroTodo. Uso y abuso de las neurociencias*. Miño y Dávila.

1. *Moyenne*, un mundo promedio

1. *Moyenne* en francés significa 'media', 'promedio'. Durante todo el libro este nombre irá apareciendo en numerosas ocasiones y representa una metáfora con el mundo actual.
2. El poema «Los nadies», de Eduardo Galeano, está incluido en el libro de *Los abrazos* (1989).
3. Entrada «El papel de la orientación en la inclusión» (2018) en el blog *Mon petit coin d'éducation*. https://coralelizondo.wordpress. com/2018/05/27/el-papel-de-la-orientacion-en-la-inclusion
4. Rose, T. (2017). *Se acabó el promedio: cómo tener éxito en un mundo que valora la uniformidad*. Harper Collins.
5. Bauman, Z. (2004). *Vidas desperdiciadas. La modernidad y sus parias*. Paidós.
6. Son palabras de Constanza Orbaiz en la charla TEDxRiodelaPlata «Discapacidad, poder distinto» (2017). https://youtu.be/4NuF4H D94Qs?si=cu8d5q-FUa7PjuKe
7. Un metaanálisis es una técnica estadística que combina datos de muchos estudios sobre un tema concreto. John Hattie utiliza esta técnica en torno a nueve dominios: alumno, hogar, escuela, aula, maestro, programas de estudio, estrategias de aprendizaje de los

estudiantes, estrategias de enseñanza, tecnología, escuela y estrategias extraescolares. En 2023, John Hattie revisa el estudio, publicado por primera vez en 2008 y basado en una síntesis de más de 2100 metaanálisis relacionados con el rendimiento. En esta web se analizan las influencias de la investigación *Visible learning* ('aprendizaje visible') de John Hattie, actualizadas en junio de 2023. https://www.visiblelearningmetax.com

8. Ainscow, M., Both, T. y Dyson (2006). *Improving Schools, Developing Inclusion*. Routledge.

9. Elizondo, C. (2024). *Diseñar hasta los límites. Estrategias para abrir nuevas posibilidades retos y desafíos para todo el alumnado.* Octaedro.

10. Entrada «La ética, el otro y la alteridad» (2019) del blog *Mon petit coin d'éducation*. https://coralelizondo.wordpress.com/2019/11/24/la-etica-el-otro-y-la-alteridad

11. Skliar, C. (2019). *Pedagogía de las diferencias*. Noveduc.

2. Neurodiversidad

1. Slee, R. (2012). *La escuela extraordinaria. Exclusión, escolarización y educación inclusiva*. Morata.

2. Reaño, E. (2023). *¿Qué es el autismo? Reflexiones desde el paradigma de la neurodiversidad*. Edición propia.

3. Definición extraída de página *Neurodiversidad algunos términos y definiciones básicas* (2016) en la web Neurolatino. https://neurolatino.wordpress.com/2016/06/18/neurodiversidad-algunos-terminos-y-definiciones-basicas

4. Armstrong, T. (2012). *El poder de la neurodiversidad. Las extraordinarias capacidades que se ocultan tras el autismo, la hiperactividad, la dislexia y otras diferencias cerebrales*. Paidós.

5. Elizondo, C. (2024). El poder del lenguaje. Forum Aragón. Fórum Europeo de Administradores de la Educación de Aragón. *Revista digital de educación del FEAE-Aragón*, 42, 42-46.
6. Definición extraída de la web: https://zweikern.com/en/glossary/killer-phrase
7. Lacroix, M. (2010). *Paroles toxiques, paroles bienfaisantes: Pour une éthique du langage*. Robert Laffont.
8. Artículo «Ética de la justicia y ética del cuidado en la educación inclusiva» (*2021*) del blog *Mon petit coin d'éducation*. https://coralelizondo.wordpress.com/2021/08/09/etica-de-la-justicia-y-etica-del-cuidado-en-la-educacion-inclusiva
9. Gilligan, C. (1993). *In a Different Voice: Psychological Theory and Women's Development*. Harvard University Press.
10. Tronto, J. (2020). *¿Riesgo o cuidado?* Fundación Medifé.
11. Forés, A. y Grané, J. (2019). *Los patitos feos y los cisnes negros. Resiliencia y neurociencia*. Plataforma actual.
12. García-Campayo, J. (2019). *La práctica de la compasión. Amabilidad con los demás y con uno mismo*. Siglantana.
13. Mèlich, J. C. (2010). *Ética de la compasión*. Herder.
14. Preckel, K., Kanske, Ph. y Singer, T. (2018). On the interaction of social affect and cognition: empathy, compassion and theory of mind. *Current Opinion in Behavioral Sciences*, 19, 1-6. https://doi.org/10.1016/j.cobeha.2017.07.01.

3. Emociones

1. La *Rapsodia y tema de Paganini en La menor, op. 43* fue compuesta por Sergei Rachmaninoff, un virtuoso pianista en homenaje al virtuoso violinista Paganini. Es una obra para piano y orquesta que se compone de 24 variaciones sobre el *capricho número 24 para violín* de Paganini. En la variación n.º 18 Rachmaninoff hace una

inversión melódica del tema original, y la tonalidad inicial la menor, la invierte para convertirse en re bemol mayor.

2. Morawetz, C., Riedel, M. C., Salo, T., Berboth, S., Eickhoff, S. B., Laird, A. R. y Kohn, N. (2020). Multiple large-scale neural networks underlying emotion regulation. *Neurosci Biobehav Rev.*, sept. 116, 382-395. DOI: 10.1016/j.neubiorev.2020.07.001. Epub 2020 jul. 11.

3. Lafuente, I. (2021). *Clara Victoria. La crónica del debate que cambió la historia de las mujeres.* Planeta.

4. Manes, F. y Niro, M. (2021). *Seres humanos. Todo lo que necesitas saber sobre el cerebro.* Paidós Contextos.

5. Castellanos, N. (2022). *Neurociencia del cuerpo: cómo el organismo esculpe el cerebro.* Kairós.

6. Critchley, H. y Garfinkel, S. (2017). Interoception and emotion. *Current Opinion in Psychology*, 17, 7-14.

7. Oya, H., Kawasaki, H., Howard, M. A. y Adolphs, R. (2002). Electrophysiological responses in the human amygdala discriminate emotion categories of complex visual stimuli. *J Neuroscience*, nov. 1; 22(21), 9502-9512.

8. Benito, R. (2024). *Cerebros moldeando otros cerebros. Cómo las relaciones interpersonales guían la evolución del cerebro infantil y adolescente desde el nacimiento.* Desclée De Brouwer.

9. Sapolsky, R. (2018). *Compórtate. La biología que hay detrás de nuestro mejores y peores comportamientos.* Capitán Swing.

10. Siegel, D. J. (2007). *La mente en desarrollo: cómo interactúan las relaciones y el cerebro para modelar nuestro ser.* Desclée de Brouwer.

11. Gonzalo, J. L. (2009). *Guía para el apoyo educativo de niños con trastornos de apego.* Libros en red.

12. Bowlby, J. (1969). Atta*chment and Loss,* vol. 1. Attachment. Hogarth Press.

13. García-Campayo, J., Navarro, M., Modrego, M., Morillo, H. y Correa, M. (2016). Terapia de compasión basada en estilos de apego. *Revista de Psicoterapia*, 27(103), 57-64.
14. Rutter, M., Sonuga-Barke, E. J. y Castle, J. I. (2010). Investigating the impact of early institutional deprivation on development: background and research strategy of the English and Romanian Adoptees (ERA) study. *Monogr Soc Res Child Dev*, abril 75(1), 1-20. DOI: 10.1111/j.1540-5834.2010.00548.x

4. Cerebros únicos. Seres humanos únicos

1. Carter, R. (1998). *El nuevo mapa del cerebro*. RBA.
2. Elizondo, C. (2021). *Ámbitos para el aprendizaje. Una propuesta interdisciplinar*. Octaedro.
3. Van De Ville, D. *et al.* (2021). When makes you unique: Temporality of the human brain fingerprint. *Sci. Adv.*, **7**, eabj0751. DOI:10.1126/ sciadv.abj0751
4. Martín-Fernández, J. (2024). *Dime qué sientes. Diario de un neurocirujano*. Paidós.
5. Herbet, G. y Duffau, H. (2020). Revisiting the Functional Anatomy of the Human Brain: Toward a Meta-Networking Theory of Cerebral Functions. *Physiol Rev.*, jul 1; 100(3), 1181-1228. DOI: 10.1152/physrev.00033.2019. Epub 2020 feb. 20
6. Elizondo, C. (2022). *Neuroeducación y diseño universal para el aprendizaje. Una propuesta práctica en la escuela inclusiva*. Octaedro.
7. Página web del proyecto *Human Connectome* (conectoma humano). https://www.humanconnectome.org
8. Página web del *Human Brain Project* (Proyecto cerebro humano) https://www.humanbrainproject.eu/en

9. Prizant, B. (2028). *Seres humanos únicos. Una manera diferente del ver el autismo*. Alianza.

10. Seeley, W. W. (2019). The Salience Network: A Neural System for Perceiving and Responding to Homeostatic Demands. *J Neurosci.*, dic. 11; 39(50), 9878-9882. DOI: 10.1523/JNEUROSCI.1138-17.2019. Epub 2019 nov. 1.

11. Charla de Rosa Montero. Fundación César Manrique. 8 de septiembre de 2017, en la web https://fcmanrique.org/fcm-actividad/rosa-montero-escribir-es-darle-al-dolor-un-sentido-que-no-tiene

12. Wang, Y., Metoki, A., Xia, Y., Zang, Y., He, Y. y Olson, I. (2021). A large-scale structural and functional connectome of social mentalizing. *Neuroimage*, 236, 118115. https://doi.org/10.1016/j.neuroimage.2021.118115

5. Funciones ejecutivas e inteligencia, ¿son lo mismo?

1. Diamond, A. (2013). Executive functions. *Annu Rev Psychol.*, 64, 135-68. DOI: 10.1146/annurev-psych-113011-143750. Epub 2012 sept. 27.

2. Duckworth, A. L., Tsukayama, E. y Kirby, T. A. (2013). Is It Really Self-Control? Examining the Predictive Power of the Delay of Gratification Task. *Personality and Social Psychology Bulletin*, 39(7), 843-855. https://doi.org/10.1177/0146167213482589

3. Moffitt, T. E., Arseneault, L., Belsky, D., Dickson, N., Hancox, R. J., Harrington, H., Houts, R., Poulton, R., Roberts, B. W., Ross, S., Sears, M. R., Thomson, W. M. y Caspi, A. (2011). A gradient of childhood self-control predicts health, wealth, and public safety. *Proc Natl Acad Sci USA* febr., 15; 108(7), 2693-8. DOI: 10.1073/pnas.1010076108. Epub 2011 ene 24.

4. Zygmunt Bauman, sociólogo y filósofo, es el creador del concepto *mundo líquido* y *mundo VICA*.

5. La rutina de círculo de puntos de vista del Proyecto Zero hace reflexionar sobre el punto de vista de otras personas. Se puede descargar la rutina en este enlace: https://pz.harvard.edu/sites/default/files/Círculo de Puntos de Vista - Circle of Viewpoints.pdf

6. Andrés, A. (1997). *Manual de psicología diferencial*. McGrawHill.

7. Jung, R. E. y Haier, R. J. (2007). The Parieto-Frontal Integration Theory (P-FIT) of intelligence: converging neuroimaging evidence. *Behav Brain Sci.*, abril 30(2), 135-54; discussion 154-87. DOI: 10.1017/S0140525X07001185. Epub 2007 jul. 26.

6. Pensamiento y lenguaje

1. Horno, M. (2023). *Un cerebro lleno de palabras. Descubre cómo influye tu diccionario mental en lo que sientes y piensas*. Plataforma actual.

2. Entrada de la cuenta de Instagram de Doble equipo. https://acortar.link/gI160C

3. Martín-Fernández, J. (2024). *Dime qué sientes*. Paidós.

4. Belinchón, M., Igoa, J. M. y Rivière, A. (1992). *Psicología y lenguaje. Investigación y teoría*. Trotta.

5. Aitchison, J. (2012). *Words in the mind. An introduction to the mental lexicón*. Wiley-Blackwell.

6. La fábrica de las palabras. https://lafabricadepalabras.com/

7. Giménez-Roldán, S. (2017). Una revisión crítica sobre la contribución de Broca a la afasia: desde la prioridad al sombrerero Leborgne. *Neurosciences and History,* 5(2), 58-68.

8. *Monsieur Tan-Tan* es el nombre con el que conocían a *Monsieur* Leborgne, que solo podía decir *tan*, y generalmente dos veces, *tan tan*.

9. Duffau, H. (2016). *L'erreur de Broca. Exploration d'un cerveau éveillé*. Michel Lafon.

10. Van Geemen, K., Herbet, G., Moritz-Gasser, S. y Duffau, H. (2014). Limited plastic potential of the left ventral premotor cortex in speech articulation: evidence from intraoperative awake mapping in glioma patients. *Hum Brain Mapp*, abr, 35(4), 1587-96. DOI: 10.1002/hbm.22275. Epub 2013 abril. 24

11. Duffau, H. (2018). The error of Broca: From the traditional localizationist concept to a connectomal anatomy of human brain. *J Chem Neuroanat*, abril; 89, 3-81. DOI: 10.1016/j.jchemneu.2017.04.003. Epub 2017 abril. 14.

12. Diamond, A. (2013). Executive functions. *Annu Rev Psychol*, 64, 135-168. DOI: 10.1146/annurev-psych-113011-143750. Epub 2012 sept. 27.

13. Holyoak, K. J. y Morrison, R. G. (en prensa). Thinking and reasoning: A reader's guide. En: K. J. Holyoak y R. G. Morrison (eds.). *Oxford Handbook of Thinking and Reasoning*. Oxford University Press.

14. Bueno, D., Forés, A. y Ruiz, A. (2023). *La lectura en voz alta, sus beneficios. Un descubrimiento (fascinante) desde la neuroeducación.* Octaedro.

15. Castellanos, N. (2022). *Neurociencia del cuerpo. Cómo el organismo esculpe el cerebro.* Kairós.

16. Raichle, M. E. (2015). The brain's default mode network. *Annu Rev Neurosci.*, jul. 8; 38, 433-47. DOI: 10.1146/annurev-neuro-071013-014030. Epub 2015 mayo 4.

17. Swartz, R., Costa, A., Beyer, B., Reagan, R. y Kallick, B. (2013). *El aprendizaje basado en el pensamiento. Cómo desarrollar en los alumnos las competencias del siglo XXI.* SM.

18. El modelo VESS promueve un pensamiento autónomo para que cada persona logre una *vida equilibrada*, con *sentido* y *sabiduría*.

19. Lipman, M. (1991). *Thinking in education.* Cambridge University Press.

20. Kahneman, D. (2012). *Pensar rápido, pensar despacio.* Debate.

7. Aprendizaje. Aprender a aprender

1. Pozo, J. I. (2014). *Psicología del aprendizaje humano. Adquisición de conocimiento y cambio personal.* Morata.

2. Dehaene, S. (2019). *¿Cómo aprendemos? Los cuatro pilares con los que la educación puede potenciar los talentos de nuestro cerebro.* Siglo Veintiuno.

3. Castellanos, N. (2022). *Neurociencia del cuerpo. Cómo el organismo esculpe el cerebro.* Kairós.

4. Critchley, H. y Garfinkel, S. (2017). Interoception and emotion. *Current Opinion in Psychology,* 17, 7-14.

5. Wegner, D. M., Schneider, D. J., Carter, S. R. y White, T. L. (1987). Paradoxical effects of thought suppression. *Journal of Personality and Social Psychology,* 53(1), 5-13.

6. James, W. (1890). *The principles of Psychology.* Holt.

7. Hari, J. (2023). *El valor de la atención· Por qué nos la robaron y cómo recuperarla.* Península.

8. Elizondo, R. y Elizondo, C. (2024). *Respira. Aprende la gestión emocional a través del mindfulness y la neurociencia.* Saralejandría.

9. Rueda, C. (2021). *Educar la atención con cerebro.* Alianza.

10. Fragmento de la canción *Potra salvaje* de Isabel Aaiún (2024).

11. La norepinefrina, también llamada noradrenalina, es una hormona y un neurotransmisor que está muy relacionado con el estrés.

12. Esta frase pertenece a un fragmento del poema «Cambrige», del libro *Elogio de la sombra,* escrito por José Luis Funes en 1969.

13. Ingraham, E., Anderson, N. D., Hurd, P. L. y Hamilton, T. J. (2016). Twelve-Day Reinforcement-Based Memory Retention in African

Cichlids (Labidochromis caeruleus). *Front. Behav. Neurosci.*, 10, 157. DOI: 10.3389/fnbeh.2016.00157

14. Lerma, J. (2023). *Cómo se comunican las neuronas. El milagro de la transmisión sináptica*. CSIC.

15. A mí me gustan mucho los hexágonos con la taxonomía SOLO y los utilizo en los talleres que imparto.

    Se dispone de un número indeterminado de hexágonos, cada uno de los cuales con una imagen o un texto. La actividad consiste en agrupar los hexágonos justificando y anotando siempre las conexiones y relaciones que hay entre ellos. Puede ampliarse la información en esta página: https://pamhook.com/solo-apps/hexagon-generator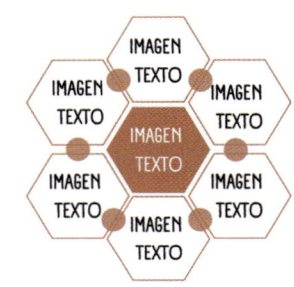

16. Schacter DL. The seven sins of memory: an update. *Memory*, ene. 30(1), 37-42. DOI: 10.1080/09658211.2021.1873391. Epub 2021 ene. 17.

8. ¿Puede lo neuro cambiar *Moyenne*?

1. Elizondo, C. (2024). *Diseñar hasta los límites. Estrategias para abrir nuevas posibilidades retos y desafíos para todo el alumnado*. Octaedro.

2. L'Abbaye de la Sagesse se traduce como 'la abadía de la sabiduría' y es el lugar de *Moyenne* donde se almacena todo el saber.

3. Son palabras de Constanza Orbaiz en la charla TED «Discapacidad, poder distinto». https://youtu.be/4NuF4HD94Qs?si=cu8d5q-FUa 7PjuKe

4. Sigman, M. (2022). *El poder de las palabras: Cómo cambiar tu cerebro (y tu vida) conversando*. Debate.

5. Levine, M. (2003). *Mentes diferentes, aprendizajes diferentes. Un modelo educativo para desarrollar el potencial individual de cada niño.* Paidós.

6. Mombiedro, A. (2022). *Neuroarquitectura. Aprendiendo a través del espacio* (Expresarte). Khaf (Edelvives).

7. Burbano, A. y Páramo, P. (coord.) (2021). *El tercer maestro: la dimensión espacial del ambiente educativo y su influencia sobre el aprendizaje.* Universidad Pedagógica Nacional.

8. Nair, P. (2015). *Proyectar el futuro. Cómo rediseñar los edificios escolares para favorecer el aprendizaje.* SM.

9. López, S. (2018). *Esencia. Diseño de espacios educativos. Aprendizaje y creatividad.* Khaf.

10. Trueba, B. (2015). *Espacios en armonía. Propuestas de actuación en ambientes para la infancia.* Octaedro.

11. *Casa de aprendizaje* es un término utilizado por Ana Mombiedro para referirse a las escuelas desde la neuroarquitectura.

12. El *wayfinding* es un diseño que permite la accesibilidad cognitiva, facilitando la comprensión y orientación por el espacio.

13. Belinchón, M., Casas, S., Díez, C. y Tamarit, J. (2014). *Accesibilidad cognitiva en los centros educativos.* Ministerio de Educación, Cultura y Deporte.

14. Mora, F. (2022). *Neuroeducador. Una nueva profesión.* Alianza.